爱贝睿学堂主编

# 聪明养育

### ● 像科学家一样养孩子 ●

## 魏坤琳 等著

长江出版传媒 | 长江文艺出版社

北京长江新世纪文化传媒有限公司
www.cjxinshiji.com
出品

# 序

## 颠覆常规，科学养育

爱贝睿儿童实验室主任

北京大学心理与认知科学学院教授

魏坤琳

　　大家好，我是魏坤琳。您平时看到的育儿资料里，大概有许多"开发右脑，激发宝宝创造力""千万不要错过学习敏感期"之类的话。一方面您可能因此而紧张和焦虑，生怕耽误了宝宝的成长；另一方面您可能因此而多花冤枉钱，送宝宝上昂贵的右脑开发课程。

　　看到这些打着科学旗号的营销噱头，我特别着急。我们确实需要科学育儿，但需要用真正科学的方法，而不是夸大或扭曲某个科学名词。为了正本清源，我和我的朋友们组织了面向父母的免费公开课，把我们的认知科学、心理学和教育学知识应用到育儿实践当中，传递给大家。这个公开课已经进行十几期，覆盖了百万家庭，并将继续进行下去。

　　我主要研究人脑工作的机制，方向是运动控制；陈忻博士在美国的大学任教，研究发展心理学；黄扬名博士是心理学界超级大咖、工作记忆模型之父 Alan Baddeley（艾伦·巴德利）的弟子，现在在台湾辅仁大学任教；刘建鸿博士是积极教养的倡导者；王贞琳博士研究心理理论，在香港教育大学任教；赵昱鲲离我很近，在清华大学，也是积极心理学学者；吴倩是北师大心理学硕士，从事游戏治疗；洪一嘉是中山大学心理学硕士，有多年早教经验；徐珺泽是波士顿大学学前教育硕士，在中国和美国都有丰富的幼儿教学经历。

术业有专攻，我不敢说自己对孩子的方方面面都懂。但跟朋友们一起，我非常有底气。我们各自从自己的研究领域出发，在不同维度阐释科学养育。这本书，是我们公开课的精华结集，还有爱贝睿社群里百万妈妈的精彩参与。

在书里，你将看到颠覆常规的育儿知识，比如开发右脑的说法是对早期脑科学发现的误读，人脑根本不是只开发了 10%，宝宝早早地学习外语不会妨碍母语的学习，等等。另外，你也会获得轻松易行的育儿技巧，比如想让孩子在发火时冷静下来，请他深吸一口气，吹灭眼前想象中的蜡烛，如何激发孩子们的兴趣爱好……

作为两个孩子的爸爸，我深知为人父母的艰辛。如果用科学的方法、站在更高的角度养孩子，你会更加从容，不再焦虑。当你明白了科学家思考问题的思路，就不会盲目相信市面上那些什么专家提出的所谓科学的育儿理念，当然更不会去相信那些没有经过有效检验的所谓传统育儿习俗和经验。

欢迎你们加入科学养育的队伍，我们一起育儿育己，陪伴孩子，共同成长。

# 目 录 CONTENTS

第一部分

# 真正的聪明

用认知科学的术语来说，
聪明人有三类智力：
神经智力、经验智力和反省智力。
真正的聪明就是这三种智力的组合。

# 第一章　如何培养更聪明的孩子？

魏坤琳

魏坤琳：人称 Dr. 魏、"叨叨魏"，北京大学心理与认知科学学院教授，《最强大脑》科学评审，爱贝睿儿童实验室主任。

神经智力、经验智力与反省智力三者构成了"真正的聪明"。三种智力没有偏废，才是真正聪明的孩子。

## ◆ Dr. 魏说：科学家养娃也犯难

我想跟大家分享的是关于儿童智力的问题，通俗点来说，就是家长们都很关心的：怎样才能让我家的孩子更聪明？

我是北京大学心理与认知科学学院的教授，清华－北大联合生命中心的中心外博士生导师，主要研究人脑工作的机制，专业方向是研究人脑如何感知世界进而控制人体运动。这些都只是工作，生活中我和大家一样，就是一个普通的爸爸，一个尽量挤时间陪女儿玩耍的爸爸。

大家在屏幕上看见的我比较严肃，那是因为节目的需要。在私底下，其实我像所有年轻人一样喜欢冒险，喜欢潜水、冲浪、滑雪这些极限运动。但是到了某个时间段，我发现我不能再玩儿那些危险的运动了，因为我有了自己的孩子。

我和大家一样，就爱为孩子操心。其实，父母最希望小孩拥有的就两样东西——健康和聪明。健康，以现在的医疗水平和营养水平，一般问题不大。但是聪明，怎么让小孩更好地发挥他的潜力，培养他的能力和兴趣，这就需要一定的知识和技巧了。

尽管我知道脑科学的很多知识，但是真正面对成长的小生命的时候，我发现自己还是有点不知所措。也不只是我，包括我的同事，他们专门研究儿童发展、儿童教育，平时管教别人的孩子很容易，可一旦对付起自己的孩子，他们很多时候也慌了神。这些经验我相信各位为人父母的都深有体会。

所以我也只好开始重新学习怎么当好一个奶爸，以让小孩的早期教育是合理的、科学的。这个过程的体会我用一个词做总结，那就是困惑！这个困惑来自三个方面：

第一是市面上的育儿书。他们的观点经常矛盾，并没有涵盖现在脑科学和心理学的研究成果，很多都是几十年前的观念。

第二是父母的经验。他们的教育理念经常跟我自己掌握的教育心理学、发展心理学的知识打架，你去纠正他们还会被他们念叨：你从小就是这么养大的啊。

第三是早教机构。他们提出了五花八门的教育理念，有的还自己造出来一些名词和概念，跟神经科学大脑发育这一块的专业知识差别很大。普通家长被忽悠的应该更多，我自己在判断的时候还要仔细看看他们的说辞，哪些是忽悠的市场化的语言，哪些是真正的干货。

我也在反思为什么会一直存在这种状况：一方面是错误的未经检验的养育观念一直得不到澄清，另一方面是专门做儿童发展、儿童教育研究的专业人士，他们的最新研究成果不能有效地传达给孩子父母。这之间似乎缺少一个有效的桥梁，把两者连接起来。而这正是我们想做的事：

把育儿的专业知识传达给普通父母。

在这里，我想强调两点：

第一，我不会手把手地教大家具体的、个性化的养育方法。养孩子还得靠各位父母因材施教、自己动手。

第二，我也不是来宣扬某个养育理论是绝对正确的，是一定要遵循的，我只是把当前科学界对养育的一些主流概念展示出来，让大家明白这些理论是怎样提出来的，科学家们是如何思考养孩子这个问题的，这其实也是一个给科学去魅[①]的过程。

---

① 1919 年，德国社会学家 Max Weber（马克斯·韦伯）在慕尼黑发表了题为"以学术为业"的讲演，第一次使用了"去魅"（deenchanted）这个词。去魅是对现代性的一种概括：现代化过程是去神秘化和去神圣化的过程。

育儿也是育己，在育儿的过程中我们做父母的也在不断学习，和宝宝一起不断成长。

## ◆ 什么是聪明？

我上了《最强大脑》节目以后，很多人都问我："这些选手这么厉害，是不是天生的？我能不能让我的小孩也变得像他们一样聪明？"这是个很好的问题。

我们首先要定义一下什么是聪明。因为科学家都有这样的思维习惯，任何复杂问题，都需要先对问题本身进行定义。

别看"聪明"这个词经常挂在我们嘴边，可是真要你去说什么是聪明，我相信每个人说出来的答案都不一样。那在我们科学家眼中什么是聪明呢？以往我回答别人时总是吧啦吧啦一长串的科学理论，结果大家纷纷表示听不懂；后来我就举了几个人的例子，大家就大概明白科学家对"聪明"这个词是怎么看待的了。

一个是电影《美丽心灵》的主人公约翰·纳什，他是美国一个极具天赋的数学家，获得过诺贝尔奖。据说，美国国防部邀请他破解一段密码，结果他凭借心算就在庞杂的数字矩阵中找到了密码的意义。纳什就是我们传统意义上的聪明人，由于天赋的高智商，在学校时他就是学霸。

第二个是小野二郎，今年已经九十多岁了。他从十五岁起便开始学做寿司，多年的磨砺及精益求精的学习让他成为日本国宝级的寿司制作大师，连美国总统也慕名前往他的小店。如今他做寿司就像是弹奏乐曲，像在表演艺术。

我们传统观念上会认为小野二郎只是由多年经验积累出来的专家，不算聪明人，但后面我会讲到，他恰恰也是聪明人。他身上展现的工匠精神，恰恰是被中国人所忽视的。

还有巴菲特，大家应该对他有些了解。他是有史以来最伟大的投资家，他靠投资，成为世界上数一数二的富翁。他每天要做的都是很重要的决策，应该把钱投到什么地方、什么时候投、什么时候撤出，这些都是比较高层次的决策。我们都知道巴菲特也是聪明人，但仔细一想会发现他与前面两人的聪明似乎有一些不一样。他的聪明在于，不管别人的看法如何，自己都坚持合理地运用信息做出最优的决策。

第一类聪明人，像约翰·纳什一样，他们天生就高智商，是我们在报纸上电视上才能看到的人物，我们肯定会承认这样的人是聪明人。

第二类聪明人，像小野二郎一样，他们的特点是在某个专业领域经过了很长时间的练习，水平达到了卓越非凡的程度。尤其是在艺术领域和体育领域，这样的成功者比较多。比如我们听过的齐白石学习画虾的故事，NBA球星科比对训练痴狂的故事。中国的传统观念中我们会承认他们能够下死功夫，但并不会把他们称为聪明人。但是，认知科学家不这样认为。我这里透露一点，在《最强大脑》中，绝大多数天才般的选手，都是通过长时间的练习才达到高水平的。他们也是聪明人。

第三类聪明人，是像巴菲特这样的决策者，如成功的企业家、政治家等，他们的特点是每天都要面对各种重要的决策，需要他们动用自己的理性和各种认知策略来保证自己决策的准确性。在以往的概念中，这类聪明人有时候还真不在我们的学霸名单上。

## 真智力理论

如果用认知科学的术语来说的话，以上三种聪明人体现出来三类智力。

第一类叫作神经智力。它是以神经系统的有效性和准确性为主要衡量目标，受基因的影响非常大，天生的成分比较高。

第二类叫作经验智力。它是在不同领域长时间的学习、长时间的经验积累、长时间形成的技能体系或知识体系支撑的能力。

第三类叫作反省智力。反省智力和人类的理性密切相关，解释起来比较复杂，但请记住三个关键词：

第一个关键词叫策略。策略是你用脑、做事、思维的方法。你见过在你们班上学习成绩很好的同学，但他没有成就一番非常大的事业。很多人缺的就是稍微高层次一点的策略，缺一套做事、做人的方法。

第二个关键词叫积极态度。这个词很好理解。人生是一次长跑，你的人生中有很多挫折，你如果没有积极的态度，没有一定的韧性，你是成就不了大事的。以往我们知道这个东西重要，但是并没有把它划进智力的范畴。

第三个关键词叫自我监控和管理。每个人都有一定水平的神经智力和经验智力，你必须了解自己，知道自己的状态，才能更好地调用这些智力资源。这也是反省智力的一部分。你知道你处于事业的哪个阶段，你知道怎么样调控时间，安排事情的优先级，知道如何调节自己的情绪，而不是放任情绪。监控自己、管理自己，这也是智力。

真正的聪明就是这三种智力的组合。这是心理学家 Perkins [1]提出的可学习智力理论，也被称为真智力理论。这也是我本人比较赞成的智力理论。

## 聪明计算公式

以前我们说一个人聪明，经常说"他智商好高啊"，但是智商只是一套标准化测验，测量的主要是神经智力。我觉得评判一个人的聪明程度，也许可以用这样的计算公式：

真正的聪明 =（神经智力 + 经验智力）× 反省智力

---

[1] 美国哈佛大学心理学家 David Perkins( 戴维·珀金斯 ) 于 1996 年提出"真智力"(True intelligence)。他核查了大量关于智商测验和促进智商的研究，进而提出智商包括三种主要的成分或者维度：一是神经智力，二是经验智力，三是反省智力。

看这个公式的写法，在括号里面的神经智力和经验智力之间是加号，把它放在相对平等的地位。括号外面，反省智力是一个乘号，是放大器。为什么把反省智力看得这么高？就像我前面说的，反省智力可以统筹调配前面两个智力资源，所以非常重要。

关于反省智力的重要性，我举个例子。一个班里有两个学生，一个学生的天赋比较突出，就是神经智力好。他们同时开始学数学，有天赋的孩子学数学的时候，前面一周，你会发现他学得非常快，天赋弱一点的小孩就学得比较慢。

但是，假设那个有天赋的孩子反省智力没有第二个孩子好，我们看接下来会发生什么：首先有天赋的孩子学得比较快，但是他可能满足于老师给他的作业题，当天做完了就可以玩儿了，也不需要考虑过于长远的目标。老师的表扬和好的成绩来得非常容易，就像龟兔赛跑一样，他就是那只兔子。反省智力很好的小孩，可能暂时落后，但他的学习动力根本就不是要跟人比较，而是要完善自己。学习开始有困难，但他会找到策略，发现自己的短板，然后一个一个去克服。一个学期下来以后，或者是一两年下来以后，谁会胜出呢？后面的小孩会胜出。这样的例子在现实中发生过很多次。为什么有些天才儿童、天才少年最终没有成大器，很多时候是由于反省智力不高，没有韧性，没有长远的规划，没有内在的学习驱动力。

我是北大老师，自己还当过班主任，见过太多"龟兔赛跑"的例子。学生的天赋智商都很高，但最后能否成就靠的是策略、思维方式和韧劲。

## ◆ 如何培养聪明的孩子?

说了这么多关于聪明的概念，我们知道了聪明有多层含义，那么具体到每个层面该如何培养聪明的孩子呢？我们下面就来探讨一下。

### 智商与神经智力

前面说到神经智力，受基因影响很大。好多人问我，能不能把自己的智商提高一点，智商是用量表测量出来的，在很大程度上可以代表神经智力。我们一直都很看重智商，主要是因为它可以判断大脑这个计算机硬件的优劣。我们都知道电脑硬件越好处理速度越快，智商也是这样。

但是，智商主要靠遗传。智商有相当一部分是先天决定的。对这一部分智商而言，要想你的孩子变得聪明的话，最重要的就是找个聪明的老婆或者老公。

不过，后天的经历和环境也对智商有影响。这个环境就包括我们的养育。

人的神经系统有一个最基本的特点叫非用即失。什么意思呢？你出生的时候，大脑里的神经元的数目跟成年人的基本上是一致的，大约有 860 亿个。但是对大脑的运行而言，神经元数目只是一方面，神经元之间的连接才是决定性的。宝宝的大脑在 0—3 岁之间有一个非常快速的增长过程，神经元之间会建立大量的连接。

0—3 岁大脑的神经元先建立大量的连接，然后开始修剪。修剪哪些，留下哪些，这些是后天养育可以塑造的。这是早期干预神经智力的最粗浅的原理。

很多实验表明，如果早期发育过程中接受的环境刺激比较少，例如动物实验中的剥夺实验，那么大脑发育就比较受限。

早期大脑发育的特点是可塑性极强，各种能力同时发展，但是每种能力都有自己发展的敏感期。什么意思呢？比如语音的发育在七岁之前比较快而且好。日本小孩在五六岁之前还可以分辨出阿拉伯语中的某些音，比如"r"和"l"，但是后来就无法分辨了，因为他们大脑的语言中枢和听觉中枢已经被日语环境给塑造了。

当然，这不是说长大后学外语就不可能了，我只是强调，长大后学习比较费力，而且难以达到母语的水平。其实在人的一生中大脑都是可以塑造的，可以由学习来改变的。只是，很多能力提高的敏感期在儿童时期。

同样，基于大脑可塑性和敏感期的原理，我们反对在三岁之前给小孩看过多的电视。整个儿童期都是小孩学习和人交流的敏感期，而沉浸在以电视为代表的媒介中的时候，小孩就不需要学习和人交流，这对他的语言能力、社交能力和注意力的发展都是极其不利的。

但是，我非常担心的是很多人滥用了敏感期的原理。比如什么吃饭敏感期、画画敏感期，甚至有人说小孩有婚姻敏感期！这都没有科学依据。

## 专注力

神经智力还有一个关键的点是注意力，特别是专注力。说到这个，我相信一定抓住大家的痛脚了。别说小孩儿的专注力有问题，就是很多成人都面临着这个问题。因为我们处在一个信息过载的时代，我们已经养成了习惯，总是忍不住刷刷微博，刷刷朋友圈，一天二十四小时你看手机几百次，你的整个时间都碎片化了，注意力也碎片化了。我们都知道这样的不专注对工作效率影响极大。

而对于孩子们来说，养不成良好的专注力，带来的后果也很严重。孩子早期专注力缺失的表现是：容易坐立不安、做事冲动、难以持续集中注意力。这会直接影响孩子的阅读能力、记忆能力和知觉能力，还容易导致成人 ADHD（注意缺陷多动障碍），也就是我们常说的多动症，甚至随着年龄的增长，注意力持续度大幅下降，这也是轻度认知功能障碍的主要症状之一。

所以对专注力的关注，是我们培养孩子的很重要的一个环节。当小孩在专注地玩儿一个东西的时候，你不要打断他，他能够沉浸在一件事情里面是非常好的，也是早期智力发育的很重要的东西。

比如，我女儿喜欢玩拼图，有时候该吃饭了还在玩。这时候老人总爱喊："别玩了，赶紧吃饭！"但我会尽量不打断孩子，等她拼好一幅再叫她。就算是玩游戏，只要孩子沉浸在其中，就不要去干扰为好。

　　唠叨和指责并不能帮助孩子集中注意力，我们当父母的要让孩子感觉到他是时间的主人，我们应该做的是教孩子学会分配时间。孩子学会自己掌控时间，有成功的感觉，做事会更加自信。这样能形成一个正向循环。

## 经验智力

　　前面讲过神经智力，我们再讲讲经验智力。经验智力是以实践为基础的，需要个人在不同领域积累的知识和经验。

　　第一，大家要注意的是如何在小孩的学习过程中，给他挑选适当的任务难度。

　　比如，学习弹钢琴的时候，我们不会要求小孩直接学习弹奏复杂的和弦，这太难，是所谓的学习的恐慌区，即难度太大造成学习者慌乱。我们也不会让小孩只弹单个的琴键，这样太容易，是所谓的学习的舒适区。

　　看起来，这种调节难度非常容易，其实家长要注意的是随时根据孩子的学习进展，调整其难度，保证挑战性，同时不会挫伤他的学习热情。我对女儿的算术训练就是这样，从简单的加减到复杂的乘除，循序渐进，让她一直都有信心，有动力。所以，她从来没有对心算畏难过，从来都是非常感兴趣地学。

第二，强调的是集中注意力的学习，是成块的反复练习。

练习可能是枯燥的，不能指望永远都是轻松的、欢乐的。如果想学习成功，反复的练习是必须的。另外，把复杂的技能拆解成小块，也是必要的技巧。从这个角度来说，题海战术，虽然大家诟病很多，但是恰恰是学习的一种必要手段。

集中注意力也非常重要，只有孩子对学习的东西用心，大脑才能真正掌握知识，真正记住东西。对我女儿而言，她最容易集中注意力的是画画、弹电子琴、和爸爸一起读书。虽然她不识字，但是我会把绘本上的字一个一个地点着念，她自己看看字，看看图片。这种集中注意力的体验是无与伦比的学习机会。有研究表明，互动阅读可以提高智商，同时我期望的是她能和我一样，从小养成对阅读的热爱。我相信这样可以惠及她的一生。

说起阅读，我想多讲一点。大量的研究已经证明，互动亲子阅读对于孩子的认知能力和智力水平非常重要。给孩子讲故事，大人是用语言讲，但是孩子在他头脑中构建了一个想象的世界。对于这么小的孩子来说，这其实是很高阶的认知能力。比如给孩子讲卡梅拉系列，孩子在脑中会开始想象小鸡的种种经历——这正是抽象能力、想象能力、思维能力发展的基础。

在一个故事听了几遍之后，我会请女儿当家长，讲故事给我听。通过孩子讲述的故事，你能观察到记忆的特点——记忆不是简单的复制，大脑会进行很多的加工。很多时候，我女儿讲着讲着会发展出自己的故事，我觉得这也特别好。

讲故事需要提取记忆、重新组织记忆材料、组织语言等一系列认知活动，研究不是证明"记忆再提取可以让记忆效果更好"吗？这也是学习的一个小窍门。

第三，你要给孩子持续有效的反馈。

在学校里，大家做完作业，一般老师会给你打钩打叉，好一点的老师会告诉你错在什么地方。因为反馈太重要了。大脑有这样的学习机制：做出一定的行为，会看它产生的结果是不是符合预期。如果不符合预期，就根据错误修正自己的策略和知识，学到新的东西。所以你需要关注孩子，知道孩子的表现哪里不足、哪里优秀，并及时给出具体的反馈。

我需要强调一下"具体"，具体的反馈才有效果。像"你怎么这么笨，连这么简单的东西都不会，脑子进水了吗！"这样的话，一点儿真正的信息都没有传达。我们需要说的是："你看，这道题你没做好，我们来看看，是因为你粗心大意，还是因为你没有掌握解题方法。看这里，你有些马虎，把 8 看成了 3，所以后面计算错了。以后要更认真一点……"

## 反省智力

最后一点，怎么培养反省智力？我前面讲了，它分为三块。

一是策略的选择。

比如说思考某一个问题的时候，常人是从一个角度思考一个问题，聪明人会从四五个角度思考同样一个问题。我会注意引导小孩换着角度思考问题，甚至是换位思考问题。把事情之间的联系指出来，帮助他来推理。比如有时候，女儿发脾气了，我会告诉她爸爸知道她的感受，知道她发脾气的原因，这是第一步，通过理解来帮助她平静。第二步就是告诉她我的感受，或者她生气的对象的感受，比如她发脾气其实爸爸很伤心，爸爸也委屈。这能帮助她站在他人的角度思考问题，知道人和人之间交往的逻辑和立场问题。我相信这有利于她理解他人，对培养情绪控制力有很大的帮助。

二是积极的态度。

我在前面讲了，这个态度是，你要知道怎么充分调动自己的资源，永远保持乐观，有韧性。挫折是肯定有的，小孩子的挫折不会比我们碰到的少，一生有很多挫折，怎么保持他的韧性，保持积极的态度，这是可以教的。在这方面，我从来不夸女儿聪明，我只会说你做得不错，但是如果进一步做这个和那个的话，可以做得更好。这样做的目的就是防止她把自己的成绩归结为自己聪明，而不是归结在自己的努力上。这样，当她遭受挫折的时候，她就会想到，自己只有足够努力的话，再继续尝试的话，才有可能成功。所以说，表扬是培养积极态度的一个好机会。

三是自我监控的习惯。

你自己到底有多少认知资源，当时的情绪和状态是否正确，这些都是需要我们经常评估的。客观评估自己、管住自己很难，但是可以做到。我女儿经常会做出错误的决定。

再举个例子，如何提高孩子的情绪调节管理能力。为什么我们要有负面情绪？孩子会发怒发脾气，悲伤得哭个不停，害怕得不敢尝试。我们作为家长，很多时候都在跟宝宝们的负面情绪做斗争。

其实每一种情绪对于人的生存和发展都是有作用的。比如：害怕让我们能谨慎对待、提防可能的危险；愤怒让我们能调动资源，直接从平静的状态转入到应激的状态，有效地对付威胁；悲伤能让我们慢下来，重新思考方向，可以理智地面对问题。

所以正情绪和负情绪就像硬币的两面，是不可分离的，对我们的生存都很重要。我们要让孩子学会和各种情绪做朋友，教他们学会正确地识别情绪、表达情绪和调节情绪。比如，我会把女儿每一次乱发脾气的机会当成教育她的机会。在她大喊大叫的时候，我会要求她说出自己是在"愤怒"，甚至说出"为什么愤怒"。当她愿意用语言来描述自己的感受的时候，就是她对自己的情绪有理解的时候，有利于安抚她安静下来。等她头脑发热的劲头过去了，我会引导她回忆自己当时的状况，指出这是很糟糕的，是不对的，可能伤害了爸爸的感受。这样能帮助她一步步认识自己的内在感受，提高情绪控制能力。

◆ 结语

最后，我想告诉大家，做父母，和孩子一起成长是一个快乐的人生经历。我们不需要为自己的努力不够或者没有很好的物质条件给小孩而觉得自责和内疚。其实，孩子需要的东西非常简单，那就是你用心的陪伴。

**Q** 我想问一下，《最强大脑》中李威、王峰等选手的记忆力是天生的还是后天可以训练的？如果可以训练的话，孩子多大适合开始记忆方面的训练呢？

**A** 这些选手都是后天训练的，当然他们有一定的天赋。但是更需要的是长时间的可靠的练习，当然还有正确的方法。我对记忆术其实不是太感冒，因为它就像解题（把记忆一首诗看作解题）的一种投机取巧的解法。理解知识比背诵知识重要多了。我也不会让我女儿去练记忆术。

**Q** 我家宝宝十六个月，我和孩子的爸爸都是《最强大脑》迷，我们很想知道如何知道孩子适不适合脑力训练？如果可以，几岁应该开始训练，能成为《最强大脑》的选手呢？

**A** 我不知道什么是脑力训练。如果脑力训练就是记忆术的话，我觉得完全没有必要。孩子在学龄前就应该在玩中间学习各种能力，而不是《最强大脑》中的那些非常局限的几种能力，比如记住大量的随机信息、看出事物的细节。这些不是小孩学龄前需要掌握的能力。

**Q** 您对婴儿早教怎么看？作为母亲，其实我的心态是学会怎么陪伴孩子更好地玩，现在市场上的早教课也不便宜，有必要吗？

**A** 我的心态和你一样，也是要学会怎么陪伴孩子。早教当然是必需的，但是本来就是寓教于乐，在陪伴中完成。我个人不需要买市面上的早教课，也不太明白他们教啥，但是看了很多不靠谱的宣传，每次看见"右脑开发""全脑开发"，我就头疼：很可能又碰到了骗子。

**Q** 现在有很多早教机构宣传他们的课程可以开发孩子智力，培养智商、情商，您觉得有意义吗？对于孩子智商的高低，基因遗传和后天培养各占多大比例？您女儿四岁时的心算就那么好，是不是之前做过相关方面的铺垫和培养？能不能给我们推荐一些理科方面的启蒙读物，或者游戏和玩具？

**A** 我不相信市面上的早教机构，特别是他们连智商和智力都不能理解的时候。智商，遗传只占一小部分，更多的是后天的影响。而智力是更好的能力指标。

我对女儿心算的最重要的培养就是鼓励了她，在她最初接触数字的时候鼓励了她，培养了她对数字的兴趣。对她没有专门培养，将来也不打算专门培养。她感兴趣，我就多教点；不感兴趣，就进小学再学。

给孩子启蒙，重点不在用什么玩具，而是怎么玩。比如我和女儿会玩普通的扑克牌。我俩各自抽五张，将其中三张通过加减乘除运算，算出结果为10的整数倍，看谁算得快。这也是挺好的数字游戏。

**Q** 宝贝二十六个月，从小就好动，教什么都没有耐心坐下来好好听，邻居家的宝宝比我家的小三个月，不仅说话比我们早，还会数数、唱歌，而我们家宝贝整天就是玩小汽车、小锤子等玩具，教他数数从来不认真，只顾忙他自己想忙的，嘀咕他自己想说的，是不是这样发展下去就会成为上学成绩不好、不上进的那种孩子啊？

🅐 我没看出来你家宝宝有什么问题，二十六个月的宝宝就应该多玩玩具。我们不需要和别的小孩比数数，比唱歌，比这比那。每一个小孩都有自己的长处和短板，而且这些能力的相对高低还会随年龄变化而变化。很多时候我只看见了家长一些不必要的焦虑。

🅠 五岁的小男孩，精力旺盛，活泼好动，上课太过活跃！记忆力、观察力都还不错，喜欢阅读。外国人很喜欢他，喜欢他的活跃，积极举手回答问题，可是中国老师都喜欢安静的孩子，马上上小学了，令父母担忧！

🅐 精力旺盛非常棒！喜欢阅读是多么美好的习惯！我没觉得太活泼是个需要担忧的问题，你多虑了。我就不说自己身边的北大的学生和老师了，我自己小时候就多动，不安静，小学老师中间就有不喜欢我的⋯⋯

🅠 小孩两岁两个月，从小头围正常偏低，医生让补充营养，关注智力，只要智力正常就没问题。但要怎样确定他的智力正常呢？现在貌似正常，但要进行智力测试应该要比较大才能进行吧？

🅐 头围大小和智商高低没有太大关系。第一，头围小并不代表大脑一定小；第二，即使更精确的大脑大小指标（脑容积），和智商的相关度也比较小。

我觉得只要孩子平时的表现证明智力没问题就好。这位家长过虑了。另外，智商测试四岁以上才能测准，之前没有测试的必要。

**Q** 儿童智力的成长随年龄增长呈何种趋势？是线性上升（随年龄线性上升）还是怎样？智力在何时达到最高峰？是否在达到某个年龄后会下降？

**A** 智力的增长是一直存在的，活到老学到老。当然，神经智力的巅峰可能在二十八岁或三十岁左右。但是经验智力和反省智力一直在增长。不能简单说一个三十岁的年轻人就比七十岁的老人智力高。儿童的智力增长很难说是一个线性还是非线性的函数，这是因为智力本身包含的多种成分的发展趋势不一样，都没有一个所谓智力总分的存在。

**Q** 乐器、美术等艺术类课程最早或者最佳学习时间段是什么时候？听说五岁以后的记忆和五岁之前使用的是大脑的不同区域，因此想问问，就算没有最佳学习时间段，是不是存在"最后"学习时间段？

**A** 黄金期是指敏感期。各种能力发展的确是有敏感期的，当然敏感期就是学习的最佳时间段，但是敏感期非常长，通常是持续很多年的，所以根本就不需要操心什么时候开始练习乐器或美术。

当然，在这些能力的学习期开始，你就可以让孩子学习这些东西。比如，乐器中的琴键类，四岁左右就可以开始了，但是吹拉类的，像笛子，肯定要年龄大点肺活量上去了，才可以开始练。又比如，第二语言，其实很小的时候就可以开始。我们讲过双语家庭的小孩从小就使用两种语言，毫无问题。

　　最后强调，什么时候开始学习都不晚，敏感期的概念不是绝对的，而是一个相对的概念。不存在五岁之前是一种记忆，五岁之后就是另一种记忆的方法，这肯定是对脑科学研究的误读。

**Q** 以前我们说的聪明孩子，都是智商比较高学习成绩比较好的，可是后来渐渐发现情商好像比智商更重要，情商可以培养吗？怎么培养呢？

**A** 智商不等于智力，而情商不是一个被学术界广泛接受的概念。它不是一种稳定的能力，也不是好量化的指标。倒是情绪能力（比如控制自己的情绪）、心理理论（体会别人的心情）这样的具体的和情绪有关的能力，是被学术界接受的，是可以提高的。

# 第二章　运动即教育，指令需清晰

## ——专访魏坤琳

小朋友们的大脑目标感不强，没有办法对行动指令快速做出回应。如果大人希望孩子做某件事情，最好能够帮助他们把目标拆解开。

### ◆ 对孩子说"滚"，而不是让她"起床"

**Q** 周日您还在办公室工作，女儿跟您关系好吗？

**A** 我工作的确非常忙，常常一周七天都会来办公室。不过只要下班回家，我都会陪孩子。在我家，我跟孩子的关系是最好最亲的。我上午刚带她去游泳了，游完泳，我问孩子要坐我的小电驴回家，还是坐妈妈的轿车回家，孩子毫不犹豫地选了我的小电驴。

**Q** 为什么您在孩子心目中的地位这么高？有什么绝招吗？

**A** 这没有什么好惊讶的，和孩子在一起时，我会尝试着理解孩子在想什么、想说什么。可以说，我是家里最懂孩子的人。

比如有一次，孩子吃饭很慢。我一看孩子开始发呆了，就知道她肯定是在想事情。我问她："你在思考什么问题呀？"孩子说："她在想'8'该怎么写。"于是我跟她说："你赶快吃，吃完饭爸爸找张纸，跟你一起写。"小朋友就端起碗来，很快把饭吃得干干净净。大人和小孩子拉锯战的时候，我们得去了解孩子想干吗。

要先了解孩子的世界，接纳孩子的想法，再结合当时的情境给出清晰具体的指令，鼓励孩子做完她应该做的事情。

**Q** 什么样的指令才算清晰具体的指令呢？

**A** 比如劝说孩子起床这件事吧。我家孩子喜欢睡懒觉，每次长辈都跟孩子说："你要起床啦！起来刷牙，洗脸，吃饭，我们出去玩。"但是孩子还是不动。

本来起床对于孩子来说就是一个缺乏动力的事情，而这一系列对于起床后事件的描述跟孩子当下该做的事情又没有任何关系。在我看来，这样的指令就不够清晰。

我就会站在床的另一边说："宝宝，滚过来，到爸爸这边来！"孩子就起来了。因为我们做大脑神经研究的人都知道，action（行动）和 movement（动作）对大脑来说复杂程度完全不同。动作是最小的控制单位，而行动则可能有一系列的动作，而且它需要比较清晰的目标和一系列的计划。

小朋友们的大脑目标感不强，没有办法对行动指令快速做出回应。如果大人希望孩子做某件事情，最好能够帮助他们把目标拆解开，给出当下立即可以做的具体动作。比如我说的"滚"。

当然，这种清晰指令的方式适用于年龄比较小的孩子。等孩子慢慢长大，他们会越来越善于识别行为所带来的意义，父母就可以相应地改换策略。

## ◆孩子掉进海里，捞起来接着玩

**Q** 我们都知道您很喜欢各种运动，不知道您是怎样培养孩子对运动的兴趣的？

**A** 我觉得爱运动应该是孩子的天性吧，以前我跑步时，我女儿就最喜欢跟着我一起跑啦。

要说在运动方面我琢磨得最多的，是怎么保护孩子爱玩爱冒险的天性。

虽然我很宠爱女儿，但其实带她玩的时候也出现过几次小意外。我第一次带她去海边时，由于经验不够，结果有大浪过来，一下子把她卷到五六米远的地方。我赶紧冲过去把她捞起来，首先把孩子脸上的海水抹下来，让她能睁开眼睛，这样能跟孩子有目光的接触；再检查一下是不是有呛水；然后把孩子搂在怀里拍拍，帮她压压惊。孩子当时吓得哭了几分钟，但是平静下来之后就又下海去玩了。

这样做，都是为了让孩子感受到来自我的保护和无条件的支持。从她小时我就告诉她："不要怕，爸爸会保护你的。"并且，在事情发生时，我真的确保自己及时出现，陪伴她一起面对这些情况。因此，女儿非常信任我。而且感觉安全感很好的情况下，她可以面对更多的挑战；只要父母在旁边，她就敢于尝试一些更难的活动。反正她最关键、最冒险的时候，我都在她身边，这些"危险时刻"也没有给她留下心理阴影。

另一方面，运动也是促进大脑发展、提升个人品格的重要途径。它跟小脑密切相关，影响时间感知、动作预测以及抽象思维等能力的发展。其实脑部至少一半以上的结构都参与运动的控制。对这方面感兴趣的话，给大家推荐一本科普读物Spark（《运动改造大脑》），近些年跟运动相关的研究都在书中有所提到。

## ◆教育方式，也是生活方式

**Q** 您在育儿方面还有什么心得可以跟大家分享？

**A** 我觉得自己陪女儿的时间还是不够，在育儿方面也需要再努力做得更好，跟大家一起学习吧。最近，我在考虑这些问题，跟大家探讨。

小孩子脑袋中其实也在思考很多事情，我们不要随便去打断他。小孩子的需求非常简单，我们面对他们的时候心思也可以简单一点。

孩子们都愿意模仿家长。如果你希望孩子运动更多一些，你也要多外出活动。如果你希望孩子更爱阅读、更爱学习，你自己也要在家里常常阅读。有时候，教育方式其实也是一种生活方式。

有些家长可能只想着 copy（复制），看到别人怎么做我就怎么做，恨不得我把孩子交给你就好了。这其实是一种偷懒。做家长没有捷径，得多花时间陪孩子，多花心思观察和了解孩子，了解育儿相关的心理学、认知科学和脑科学基础知识（比如多看"爱贝睿学堂"微信公众号文章）。在掌握知识和理论的基础上，再针对自己孩子的实际情况做出行动。

第二部分

聪明的大脑

你知道吗?
开发右脑并不靠谱。
科学家基于最前沿的脑科学知识,
给你一些真正实用的育儿建议。

# 第三章　关于儿童大脑科学的五个谬误

*魏坤琳*

你的大脑只被开发了 10% 吗？左脑掌管语言逻辑，右脑掌管艺术创造？这些从小听到大的话，仅仅是神经迷思。

知识经济时代，大脑科学的流行很正常。

但是，教育和科学之间，往往会有一个"时间差"。也就是说，当下很多教育方式所依据的科学理论，其实是三十年前、四十年前，甚至是半个世纪、一两个世纪前做出的。要知道，随着科学的发展，这中间的变化会有多大，甚至有许多的结论已经被推翻。

那么，大众对大脑科学认识的谬误，是不是有必要特别指出呢？教育有没有必要改正这些科学谬误呢？

我觉得很有必要，因为：一个人的发展是有时间成本和机会成本的，如果在同样的时间没有做正确的事情，这本身对孩子来说就是一种伤害。

现在很多家长热衷于让孩子去参加"大脑开发"的训练，如果其背后的理论支撑是错误的，虽然表面上看来没有对孩子直接造成伤害，但是会耽误孩子正确学习的时间和机会。

很多家长总觉得孩子的大脑开发得不够，这种意识就给所有的骗子提供了一个可乘之机，骗子就说我们是搞大脑开发的，快点来吧！我不大用"大脑开发"这个词，就是不想和这些骗子混为一谈。

其实，我们只要凭借着常识就可以知道，学校的教育，让孩子更聪明，掌握所学的知识，适应这个社会，就是大脑开发。这本来就是整个教育体系的目的所在。这个体系，其实已经建立起来了。

忽然之间出现的这些脑力开发班，动辄几万元的学费，作坊式的规模，又没有专业的学术素养。这样的脑力开发班，似乎比多少代人经过那么多努力所建立起来的教育体系更厉害，怎么可能呢？这是不现实的！

我可以旗帜鲜明地说：我反对借着脑科学的幌子进行的不科学的"右脑开发""全脑开发"；不少打着"大脑开发"旗号的儿童教育都是在做营销；目前所有的儿童天赋基因检测都没有科学依据，基因技术暂时无法测量和预测人的诸多认知能力；训练记忆术不会提高智商，它只是一种辅助记忆的工具而已，不能夸大它的作用，学习的实质不是去死记硬背……单纯通过训练记忆术来提高智商的机构，并不能真正让你的孩子变聪明。

请家长不要花这些冤枉钱了！

## 谬误一：左脑掌管语言逻辑，右脑掌管艺术创造；开发右脑会让孩子获得创造力，赢在未来

我们在很多地方都可以看到关于"大脑分工""开发右脑"的各种宣传，大致都是这样的：

人的大脑分为左右两个半球，我们称它们为左脑和右脑。左脑又称"学术脑"，右脑又称"艺术脑"。左脑主要负责人类的理性、语言、文字、分析等，右脑主要负责音乐、形象、经验、直观等认识，因而右脑"感觉"更强，我们常说的"创造性思维"也更多是右脑的产物。

六岁能精通六国语言，十三四岁就已经大学毕业取得博士学位，这些小孩之所以具有这么不可思议的神奇能力，就是因为运用右脑思考的结果。

人类的右脑具有天才能力，只是没有充分开发利用，未来世界是右脑发达的人活跃的时代。爱因斯坦、达·芬奇、居里夫人这些世纪伟人的共同之处：他们都有着超强发达的右脑。右脑的存储量是左脑的一万倍，人脑在六岁以前完成 90% 的发育。因此六岁以前是开发右脑的黄金时期，千万别错过哟！

这些看似挺科学的文字大量地存在于各种培训机构的推广之中，很多家长也颇信服这样的"科学"论断。但是，这是真的吗？

我们不要被这个看似科学的论断给镇住了。其实，简单地把人类

的大脑分为"左脑"和"右脑"，是一种人为的夸大。

人脑从生理上来说的确分为左脑和右脑两部分，但从功能上说，我们是"全"脑人。

大脑是有偏侧化，但左右大脑的分工侧重不同，并不代表不同工作完全由某个脑区来负责。某一个脑区做某一个事情的时候，占主导一点，并不代表另外一边的大脑不做事，它也得做事。

追根溯源，左脑与右脑的这种二分法，来自1981年诺贝尔奖得主罗杰·斯佩里（Roger Sperry）的裂脑研究。20世纪50年代斯佩里第一次发现左右大脑的工作侧重不同，发表了自己的观点，然后引起媒体轰动。

媒体采访后写出的稿子直接把人脑分成左右脑，而不是准确地表达其实只是侧重点不同。科学家讲的是分工不同，有偏侧化，有侧重点不同，在媒体中讲出来就是左脑干这个、右脑干那个。因为老百姓特别喜欢简单化的概念。从那以后，错误的概念就流行开来了。

大脑的确分成左右脑，但大脑不是独立工作的。

任何动作都需要左右脑协同工作，大到语言、运动、艺术、情感、听觉、嗅觉等，小到拿一支笔、扔一个垃圾等，生活中的任何一件事，都是左右脑协同完成，做任何一件事都是在开发右脑，所以，"右脑开发"是误区！

正如伦敦大学学院心理学与医学教育系教授麦克麦纳斯（Chris McManus）所说："将左右脑分开讨论是很诱人的做法，但它们实际上是两个半脑，原本就设计在一起工作，成就一个柔软、单一、整合型的完整大脑。"

很多人都把爱因斯坦作为例子，来证明右脑的伟大功能。但实际上，爱因斯坦不是左撇子，他惯常用右手写字。

我们再举一个极端的例子，有个人没有长右脑，就长了左脑，他不是活得挺好？他左脑肯定代偿了右脑的一部分功能。

其实，左右脑在形态和结构上是基本相同的，神经细胞数量和突触接触点的数量在数量级上也是一致的。所谓的"右脑储存的信息是左脑的十万倍"等强调右脑比左脑更强大的言论，也是不靠谱的。同时，也没有任何证据显示，创造性和右脑有着什么特殊的关系。

现实中，左脑和右脑会有侧重，因为有侧重更有利于大脑的运转。但就算是左右脑有侧重，也不要强调用左右脑来分人，或者直接说"左脑不发达""右脑要加强"什么的。

一句话：学习或者训练的效果不要归结于大脑的左右半球的差异，左右半球只是各有优势，不要夸大其差异。

所以，"右脑开发"是误区，所有打着"右脑开发"旗号的儿童教育都是在做营销。

实际上，我们不需要刻意开发右脑，我们要开发的是大脑的所有能力，我们要开发的是神经智力、经验智力和反省智力，这才是靠谱的说法。

## 谬误二：学习每种知识都有敏感期，大脑发育到一定阶段就不长了，错过的话怎么学都学不好

敏感期理论被带入到儿童心理领域，尤其是带入到学习领域之后，有过度阐释、过分依赖的问题。

最常见的就是有人认为 2 — 3 岁是儿童学习口语的敏感期，4 — 5 岁是学习书面语言的敏感期，等等。很多家长为此忧心忡忡，生怕错过了孩子的敏感期之后，就错失了学习的机会。

的确，有很多领域，比如艺术、体育、语言等等，过了儿童和青少年时期，会学得更艰难一些，所花费的时间更长一些，但是，这并不是说"敏感期"不可错过，而是这些领域的学习变得困难了些，需要更长时间的练习。对很多人而言，成年之后相对专注的时间少了，自然学起来就很难了。

很多家长经常为自己的孩子骄傲："我家孩子是天才，两岁就能够记住 ×× 个单词，会背诵 ×× 首古诗。"其实，这些能力展现得早晚，并不能说明孩子是不是天才。

有敏感期这个概念，但是没有那么夸张，夸张到现在宣传的"错过了就不行了"的地步。比如家长最关心的语言敏感期的问题，学习第二语言最好的敏感期如果过了，并不意味着就不能够学好，只是可能就更费力一点。但是，请注意，这只是量上的差别，而不是本质上的不行。

而且，很多人以为"大脑发育到一定阶段就不长了"。于是，就很着急地在孩子很小的时候进行各种"大脑开发"的课程，这也是一

种误解。

现代的脑科学已经证明，成年人的大脑也具有可塑性。也就是说，脑细胞是不断更新的，只要你想学习，懂得学习的方法，都可以拥有聪明的大脑。

## 谬误三：有些人天生脑子就是好使，智商就高；而人类的大脑其实只开发了 5% — 10%，还有 90% 的大脑是闲置的

我先说说这个 5% 和 10% 的传说吧。

有人说，这是爱因斯坦说的，或者说这是解剖爱因斯坦大脑后的结论。其实，这句话并没有在爱因斯坦正式的文献中出现过，就算说过，也要看是什么语境下说的，很可能就是一句玩笑话。而爱因斯坦的大脑解剖报告也从未提到这一点。现在有很多拿科学巨匠来演绎的情况，其实谬误很多，以讹传讹。

另外一个版本，大概来源于大脑中的神经细胞约占脑重量的十分之一，剩余的九成是其他组织，比如胶质细胞。胶质细胞有为神经细胞提供营养、提供支撑，形成髓鞘、增进传导速度等多种功能，也是必不可少的。人们常传的"人脑有效使用的部分仅仅占十分之一左右"的说法，即有可能是来自对胶质细胞机能没有完全理解的时代的误解，认为在脑中仅有神经细胞在起作用。

这个谬误又被电影给强化了。我看热门电影《超体》的时候，

听到摩根·弗里曼（Morgan Freeman）扮演的教授，在那里一脸严肃地讲"大脑已经开发了 28%，能感知任何人的思想""如果开发了100% 会怎么样？我不知道"的时候，我简直要笑傻了。

这些概念，作为娱乐因素当然可以，但如果大众把它当作科学，那就十分可笑了。

为什么有些天才儿童、天才少年最终没有成大器，很多时候是因为反省智力低下，没有韧性，没有长远的规划，没有内在的学习驱动力。

真正聪明的人，我曾说过，有三类：第一类聪明人，神经智力强，天生就高智商，是我们在报纸上电视上才能看到的人物，我们肯定会承认这样的人是聪明人。第二类聪明人，经验智力强，是通过后天的大量练习来达到的。我在这里透露一点，在《最强大脑》中，绝大多数天才般的选手，都是通过长时间的练习才达到高水平的。他们也是聪明人。第三类聪明人，反省智力强，他们并不精于科学的研究、记忆的能力、辨识的能力等等。但是，他们具有宏观的决策能力，像巴菲特这样的决策者，以及很多成功的企业家、政治家等。

家长看完这种分类，其实就没有必要非要纠结于"高智商"了，聪明真的是有不同的方式的。成为天才的必要因素还包括天才人格特质，如抗压、情绪管理、持久性、创造力等多方面的因素，并不仅仅是一个 IQ（Intelligence Quotient 的缩写，智商）就够了。

什么是大脑的开发，我很想告诉大家，无论是你有意识还是无意识，大脑一直在做各种运算。也就是说，大脑一直都在不停地运转中。

所以呢，开发大脑是一个错误的隐喻，似乎我们可以像挖金矿一样去从大脑中挖出点什么；而聪明养育真正的难点不在孩子那里，其实在家长教育这里。这也是我创办的爱贝睿儿童实验室为什么如此重视亲子教育的原因。聪明养育，育儿育己。我们难以奢望一位不热爱阅读的妈妈能培养出一位热爱阅读的孩子。

## 谬误四：记忆力高的人智商就高，学习记忆术可以提高智商，智商高的人可以更容易取得成就

《最强大脑》的选手倪梓强通过自主招生考上了北大，于是，很多人都说这是超强脑力的功劳。

为此，我特意做了三点声明：

第一，北大对人才的考察是全面的，绝不是说对有"记忆大师"称号的就会高看一眼。第二，倪梓强全面发展，特别是他出名后，依然能脱离舞台上的聚光灯，沉下心来专注学习，不为名和利所动。这才是真正的素质。人生是长跑，他才开始，为他喝彩。第三，学习的本质是"理解知识"，不是记住知识点。光死记硬背不是最强大脑。

其实，每个人都有记忆的能力，而且，这是可以训练的。

比如，刚刚有记忆大赛的时候，那些所谓的世界纪录都非常低。那是因为当时他们还都没有开始运用记忆术，全是裸考。后来，所有的世界纪录突然在几年之内都上去了，因为记忆术开始普及了。

是的，人越来越聪明，人类整体的智商也在提高。还有就是操控

抽象思维能力的确在提高，因为我们可以完全靠虚拟的东西活着，现在的孩子就生活在一个虚拟的世界，一个带符号的世界，一个完全是人造的世界。这在以前是没法想象的。

我们的智商在逐年升高，这叫作弗林效应（Flynn Effect）[1]。

我们要搞清楚所谓的大脑开发实质是什么，其实，现在好多打着大脑开发名头的训练都是记忆训练。

对于记忆训练，我本来是持中性的看法。但是，对于过度的宣传，我又持负面的看法。记忆术可以有，比如当一个人在学习的过程中记忆力真的不够用的时候，可以借助一下。

但是，我觉得人类学习的实质，或者说教育的目的，不是死记硬背东西，而是理解东西。把记忆等同于理解，这是非常错误的。

记忆术不是让你理解，也不会帮助你理解，这是非常确定的，也就是说，记忆术可以帮你记一些很枯燥的、没有规律的知识，但是，当你必须去应对的时候还是要靠自己去理解，就像很多法律的名词，你可以用记忆术背下来，但是上法庭的时候，怎么运用法律，则是另外一回事了。

记忆，是帮你记住；理解，是帮你记好。真正的学习，还是理解，只有理解了才能融会贯通，才能创新。这才是人类智力的持续。

所以，我们北大的学生，是不练记忆术的。在《最强大脑》里，我们挑选的标准，所倡导的，也不是记忆术。

---

[1] 美国心理学家 Janes Flynn（詹姆斯·弗林）发现，人类智商每年提高 0.3% 左右，每十年提高 3~5 分。

## 谬误五：运动就是头脑简单，四肢发达；头脑聪明的孩子运动都不好，学习好的孩子不应去练体育

我去北医三院讲康复课题，其中提到了脑瘫现象。脑瘫主要就是运动和感知出了问题。后来发现，这些患脑瘫的孩子有的智商没有问题，但很多孩子智商同时出现了问题。现在的科学证明，他们小时候因为运动系统出了问题，所以对他们的认知能力和智商的发展造成了很大的负面作用。

道理其实是一样的。也就是说，对于健康的孩子，运动也同样重要。

很多家长过于看重孩子对知识的学习，而忽略了孩子的运动，这是十分可惜的。还有很多家长，仍然认为运动占用了学习的时间，是在耽误学习，甚至认为运动多的孩子，玩儿的心野了，就会不爱学习。

其实，从脑科学来讲，运动不仅不会阻碍学习，反而还会促进学习。运动会使脑细胞得到更多的氧气和养分，帮助神经元生长。虽然运动对智商的提高还没有量化到"锻炼到多少智商提高了几个点"的地步，但是，运动促进大脑发育的这个道理可以讲，这个趋势是存在的。

而且，由于智力（注意，不是说智商）的发展是一个终生的过程，所以，在这个过程中间，运动一直都在起作用。

中国的孩子，在运动方面还是比较欠缺的。《最强大脑》的那些国外选手，心理素质都极好。比如，来自南美的奇安弗兰科就是

一位户外运动的爱好者，当主持人问他紧不紧张的时候，他会说紧张，但是同时也很兴奋，摩拳擦掌的样子，这其实是运动员的习惯。因为他知道 it's show time（表演时间到），玩运动的人都知道 show time。

中国的学生大都没有运动的习惯，每个人都像书呆子一样，我有时候在台下跟他们说其实还得全面地发展。

运动的好处，更远一点来说，还可以开拓一个人的眼界和思维。这个眼界，就是对世界的了解，要走出去，动起来，仅仅待在屋子里面，是无法了解真实世界的规律的，也不知道这个世界是怎样运行的。

比如现在很多新闻，说某某旅游在山上又"歇菜"了，某某跑到海边在礁石上被海浪卷走了，这都是因为他们从来都不知道什么是危险造成的。而这些能力，需要孩子从小就要具备。反正，要是我的小孩，我绝对不会允许这样，他肯定要跟我去学运动。

## ◆ 结语

你和孩子的言语交流，你小时候给他的爱抚，你和他一起做的游戏，你和他一起读的小人书、一起堆的沙子、一起跑过的林荫路，这些都是他最重要的早教。当然，如果你能多知道一点靠谱的、科学的育儿知识，并在陪伴他的时候应用上，那就是美好中的完美了。

# 第四章　识别和管理孩子的情绪

魏坤琳

当记忆被提取和组合时，恰恰是会被改写的时候。我们需要识别孩子的情绪，表达理解，即心理学所谓的"共情"；教孩子玩"认知重评"游戏可以从多视角对记忆进行编码。

爱贝睿曾组织过一次观影活动，邀请爸爸妈妈们免费看《头脑特工队》。作为一个爸爸，我看完很有感触。

我家小孩四岁，大家知道我是研究脑科学的，但面对孩子的时候，我也并不总是游刃有余。我有时也会疑惑，这小姑娘头脑中到底在想什么？我在这部影片中学习到了很多，分享一下，与大家探讨。

## ◆孩子需要快乐，也需要悲伤

在影片中，除了快乐以外，有四种负面情绪：害怕、愤怒、厌恶、悲伤。其实还少一个常见的情绪小人：惊讶（Surprise）。

也许你想问，人为什么要有情绪？尤其是为什么要有负面情绪？实际上，每一种情绪对于人的生存和发展都有作用。

害怕让我们能摆脱危险。

愤怒让我们能调动资源，对付威胁。

厌恶让我们远离讨厌的事物。

悲伤让我们慢下来，可以理智地面对问题。

所以正情绪和负情绪就像硬币的两面，不可分离，而且对我们的生存都很重要。

事实上，人们在悲观的情况下更容易深思，形成逻辑思考，就如同忧忧（Sadness）在电影中说的一句话："哭泣能帮助我慢下来，不被生活的逆境所压垮。"

育儿 Tips

父母都希望孩子高高兴兴地过一辈子，可所有的负面情绪对孩子都是有用的。你不让他难过，不引导他认识其他的情绪，那么这就不会是一个心理健全的小孩。强制地压制情绪不能解决问题。

电影中，当冰棒有困惑、很悲伤的时候，它和 Sadness 一起坐在悬崖旁边大哭了一场就好了。由此可见，宣泄悲伤有利于形成积极的心理状态。如果孩子感到悲伤，一定要允许他们有宣泄的机会。

我们不能一味跟宝宝强调"你们要快乐"，这有可能强行压制他们的情绪表达。比如我们可能也常常会跟孩子讲"要坚强！别哭啦！"甚至是"不许哭！"言下之意，悲伤、愤怒等那些情绪都是不好的，你要拒绝那些情绪。这样，只会加大他们的心理负担，扮演大人心目中"开心宝宝"的角色。负性情绪得不到宣泄，问题也就不会得到解决。

## ◆孩子发脾气的时候，正是教他管理情绪的好机会

我们每个人都有情绪失控的时候，孩子"闹脾气"的时候更多一点。每一次这样的时刻，其实都是教他们认识情绪的机会。

我们需要引导他们用语言表达自己的怒火、悲伤等情绪，并且引导他们分析这些情绪的来源。为什么呢？

当代不少心理学家把人脑中进行的运算分为两种。以情绪、反射为代表的是 type I processing（I 型信息处理），这些是迅速的、不需要思考就能做出反应的。这就是为什么小孩子的情绪来得非常快，像风暴一样的原因。

以语言分析为代表的理性思考能力是 type II processing（II 型信息处理），是慢速的，需要调动很多认知资源，处理起来比较费劲。

成熟的、理性的人会用 II 型处理来调控和驾驭 I 型处理。俗话说的

是情商高的人会调节自己的情绪。我们需要教会孩子认识和调节情绪。

这也是为什么要引导孩子用语言（Ⅱ型处理）来表达自己的情绪，甚至自己分析那些负面情绪的原因。

久而久之，他们就能理性地掌握和理解自己的情绪，并且很好地驾驭它。其实，当能够用言语来表达自己的情绪的时候，孩子的情绪就已经平复了很多了！

育儿 Tips

我们需要先识别孩子的情绪，表达自己对他们的理解。这就是心理学上说的"共情"。

比如说，在电影的结尾，当莱莉结束离家出走回到家后，哭着对爸妈说"我想念明尼苏达"。这时爸爸回应说"我也想念明尼苏达，想念那些快乐的日子"。

莱莉觉得自己被理解了，情绪得到了释放，全家人一起回忆那些快乐的日子，而这个时刻，又形成了一个新的记忆小球，是彩色的，既有悲伤又有快乐。这正是小朋友情绪能力发展中的一个里程碑，是对她而言非常重要的时刻。

用语言命名和控制情绪。有次我带女儿到我虚拟现实的实验室里玩，她戴上头盔在"太空中"玩了一通，其实就是模拟坐飞船在太阳系的各个行星之间旅行。回家后聊天，她说她在离开地球的时候哭了。我非常惊讶于她丰富的情感和对"离开地球"这个事件的概念的掌握，但是我也抓住机会来给她的情绪做分析。我问她："是不是离开地球像离开家一样？"我希望用语言帮助她给情绪加上标签。

## ◆ 记忆没那么"靠谱"，可以被"重写"

我们在电影中看到，悲伤小人触碰记忆小球的时候，小球就变成悲伤的蓝色。这其实表达了情绪和记忆的特点：记忆可以被"重写"和改变，尤其是被提取的时候。

我们都知道人的记忆不像硬盘上的信息，而是像很多相关的碎片组合在一起。当它被提取的时候，记忆需要重新组合。提取和组合的时候，恰恰是记忆会被改写的时候。

这种改变可以是电影中那样的情绪色彩的改变。这个对小孩的情绪能力的发育特别重要，主要是对我们大人有很大的启发意义。

**育儿 Tips**

对小孩（我们大人也一样）来说，同样一个事件，可以有带不同情绪色彩的解释。因此，我们可以引导孩子通过事件了解和把握自己的情绪。

举个例子，我女儿在玩乐高玩具的时候，不小心把自己搭好的作品损坏了。她的第一反应是愤怒、哭闹。这时候我会告诉她："你弄坏的只是你作品的一部分，跟昨天比起来，你已经好多啦。我很理解你很伤心，爸爸在你这么大的时候，每天都弄坏十几个乐高呢！"

同一个事件，我试图让孩子学会换一个角度来看待。我接纳她的情绪，但是也引导她看到自己的进步，看到事件中的积极面。其实用心理学来看，就是从多视角对记忆进行编码，这是我教孩子玩的"认知重评"游戏。

## ◆如果孩子说他刚从月亮回来，相信他

冰棒在电影中虽然不是主角，但却是一个让人印象深刻的角色。它存在于莱莉的脑海中，除开她之外谁也看不见。它在心理学研究中的学名是"假想伙伴"。

国外研究数据显示，63%的七岁以下的孩子都曾经拥有假想伙伴，国内相关研究好像比较少。国外研究发现，假想伙伴让孩子感到不孤单，获得情感支持。在和假想伙伴的互动过程中，孩子也能够比较轻松地跟他讲自己的苦恼、焦虑的事情，缓解压力。

在跟假想伙伴对话、玩耍的过程中，孩子们不断使用语言来表达自己所感知到的情绪，以及看到的、经历过的事件，可以发展逻辑、想象力等高阶思维能力。

随着孩子的年龄增长，他们会越来越能区别现实和幻想，情感能力日趋成熟，也逐渐把注意力越来越投放在现实和外界的事物上，不知什么时候幻想伙伴就不见了。所以，电影中十一岁的莱莉在记忆

垃圾场失去了她的冰棒，是有一定科学依据的。

育儿 Tips

我们一定要知道，对于小孩子来说，现实与虚拟世界的边界是模糊的。电影中也专门有一句"事实和观点之间看起来很相似"。孩子确实分不清这两者。

比如好多时候大人可能指责孩子撒谎，但是对于比较小的孩子来讲，他根本不知道什么叫撒谎，更不知道自己在撒谎（没有撒谎的意图）。有时候，他只是把想象的东西当成了现实中发生的事情。

如果孩子告诉你，他刚从月亮上回来，请不要嘲笑他。他是认真的，刚刚跟自己的假想伙伴进行了一次月球旅行！

◆ 结语

对于时间和宇宙长河来说，我们的生命没有意义。如果说生命有某些意义，那都是额外力量赋予的，其中的一种力量就是孩子。孩子让我们为人父母，给了生命更多意义。谢谢我们的孩子！

**Q** 您能教一些处理情绪的方法吗？尤其是在孩子大哭大闹时，怎么指导？

**A** 对家长来说，首先要做到的是会观察识别小孩的情绪，还有就是会调节自己的情绪。别忘了，我们有时候也会失控。最后才能正确地引导小孩的情绪。

之前说过，我们需要先识别孩子的情绪，表达自己对他们的理解，与他们"共情"。另外，要用语言来帮孩子给情绪"贴标签"，并且跟孩子一起分析他的情绪。

我女儿情绪失控的时候，我一般会用两种方法：

1. 转移她的注意力，然后，回头我会让她重新评价自己刚才的情绪。

2. 真的难以控制的时候，我会让她脱离失控的情景，比如背过身去，进行所谓的暂停（time-out）。

**Q** 可转移注意力之后，情绪还是在啊？

**A** 对，所以我会回来让她自己再回忆一下，再重新评价一下。比如说："你刚才生气是为什么啊？"请她尽量用语言说出情绪，以及导致情绪的原因。

**Q** 孩子越自由越开心，假想伙伴就会待的时间越久吗？假想伙伴陪伴孩子的时间越久对孩子成长越好吗？比如想象力、创造力、自我安慰成长方面。

**A** 这个真没有定论。其实，我就是没有假想伙伴的那个人，有可能是我不记得了。但是，我喜欢给小孩另一种假想伙伴，就是和她玩角色扮演。这是有利于孩子的智力发育的，包括抽象思维和思维转换的能力。

比如，小红帽和狼外婆的故事大家都知道，故事里几个角色之间的对话孩子都大概记得。我和女儿在她三岁的时候就经常切换角色对话，她有时演小红帽，有时装大灰狼，在不同的角色之间转换。

**Q** 两岁小孩有时候明显有什么原因不高兴了，但是只是哼唧扭捏，又表达不出原因，感觉情绪在，却发泄不出来，好难受。请问，怎样疏导让他发泄出来呢？

**A** 其实，这时候不也是教他词汇的时候吗？他没法表达，但是可以听懂。大人可以解释这种情绪我们怎么看待，它的缘由是什么，等等。

**Q** 请问是否应该经常把孩子小时候的不良情绪体验拿出来重构呢，孩子的负面情绪是应该帮助他转变为正面的还是允许它存在？

**A** 也不一定要经常回顾不良情绪，因为好多小孩自己都忘了。但是，有些关键的负面情绪我会介入。比如我家小孩在分床睡以后，突然不愿意单独睡了，说害怕。

我花了很多时间，才引导她说出原因，其实是晚上她房间的音响突然发声（因为电线接触不太好），她受了惊吓。我为此专门找了一个陪她在自己房间睡觉的时间，让音响再次发声，然后告诉她这才是问题的根源，帮助她克服了恐惧。

当然，我也允许负面情绪存在。不可能立刻克服的，我也不奢望孩子马上能克服。

# 第五章　掌握脑科学，厘清育儿迷思

黄扬名

*黄扬名：工作记忆模型之父 Alan Baddeley（艾伦·巴德利）的关门弟子，情绪研究大拿 Lisa Barrett（丽莎·巴雷特）的博士后，现任辅仁大学心理学系副教授，爱贝睿家长教练。*

面对书上、网络上的诸多育儿专家宝典，选择用在自己孩子身上前，必须仔细审视。多掌握些脑科学知识，有所判断，用心了解自己的孩子，以爱为基石，理性学习，你一定会形成自己的一套育儿经。

除非从事与育儿相关的行业，多数的人都是从有了孩子才开始学习怎么当爸妈的。过去资讯不发达的时代，大家顶多口耳相传，听到亲朋好友有哪些好建议，就会参考一下。但现在资讯非常发达，只要在键盘上输入几个关键字，就会看到成千上万的资讯。

资讯不足，让人感到很困扰；资讯过量，其实让人更困扰，特别是当资讯真假难以辨别的时候。

在这里先跟大家沟通一些观念，谈谈面对诸多育儿秘诀的时候，我们究竟该采取怎样的态度；接着，会带大家破解一些关于脑科学的迷思；最后基于脑科学常识，给大家一些育儿的建议。

## ◆ 育儿秘诀，如何取舍？

我自己是一位固执的心理学家，我基本上不会轻易相信别人的说法，这也是我要给大家的第一个建议：不论是谁给的建议，都请先思考，再决定是否要相信。（所以大家此刻也要想想，黄老师的建议是否值得信赖，不要随便就被我洗脑了！）

我先跟大家分享一个案例：

在台湾，从小孩出生开始，多数的医院都会跟爸爸妈妈说，我们要求母婴同室，就是小宝宝必须和妈妈在同一个房间，而不是在育婴室。因为他们觉得这样可以促进亲子间的互动，让妈妈可以早点上手。

我们家老大出生的时候，医院对这项政策还不是特别严格，所以宝宝通常都在育婴室；但在老二出生时，医院就非常严格，要求我们必须随时都把婴儿放在房间。

如果在医院的房间都是单人房，我觉得还好；但若不是单人房，那岂不是为难了妈妈们吗？因为同一个房间有许多对母子，小宝宝又不会在同一个时间哭，一会儿这个哭，一会儿那个哭，妈妈们就完全不用休息了……

以这个规定为例，相关部门在推行这项规定的时候，到底掌握了哪些原则呢？我在相关的网站上找来找去，看起来应该是跟世界卫生组织（World Health Organization，简称 WHO）鼓励母亲喂母乳的建议有关系。（可扫 P69 "婴幼儿喂养" 二维码）

但是，如果妈妈并没有准备要喂母乳，那把妈妈跟小孩放在同一个房间岂不是没有必要？我自己也很意外，原来母婴同室最终极的目的，只是为了让妈妈可以成功喂母乳。同时，我也有另一个发现，原来鼓励婴儿在出生后多与母亲皮肤接触，虽然看似好处非常多，但在 WHO 的官方文件中，其实认为这类的证据是属于低质量证据，效果不稳定，有时候有效，有时候无效。

有兴趣的妈妈可参看 WHO 的资料。（可扫 P69 "新生儿健康建议" 二维码）

以上只是一个例子，其实在生活中我们接触到太多 "育儿建议"。父母究竟该采取什么样的态度？

首先，可以参考这个资讯的来源究竟是哪里，如果是比较值得信赖的来源，就值得相信。例如，爱贝睿微信公众号上的资讯，都是从值得信赖的来源来的。

再者，即使这个来源是值得信赖的，父母还是要采取一种比较开放的态度，不要觉得这个一定可以成功。建议可以先在孩子身上试试看，若成效不佳，就不要坚持下去，不要有太强的执念。

在台湾，还有一个例子。有些爸妈很坚持要照美国一位百岁医师的做法，让孩子养成定时定量喝奶的习惯，在孩子哭闹的时候，也选择不去抱孩子。有些爸妈成功，但有些爸妈却失败了，父母感到很挫败，孩子也不开心。

另外一个常发生的问题就是父母过度诠释研究的结果。现在媒体都喜欢用耸动的字眼来吸引读者的目光，其实根本没有讲的那么神奇。

例如新闻可能报道说，孩子如果在三岁前接触 3C 产品（计算机［Computer］、通信［Communication］和消费类电子产品［Consumer Electronics］三者结合，亦称"信息家电"），以后可能会出现注意力缺失的问题。听到这个例子，大家可能开始紧张：我得多留意，不要让孩子玩太多 3C 产品。

其实这种研究不太可能会做实验，因为这违反了研究伦理：需要真的去控制，让有的孩子多接触、有的孩子少接触，然后分析他们注意力缺失的状况是否有差异。新闻里的情况充其量只是调查一些三岁以下孩子的爸妈，问他们孩子每天玩 3C 产品多久，然后另外用指标测量孩子的注意力状况，看两者有没有关联性。但有关联性并不代表是因果关系。

最后，不要随意相信网上搜到的资料。

再谈一个最危险的事情，大家也可能经常做的：当孩子有状况的时候，你很紧张，身边也没有专家可以问，就随意在网上搜寻资料，也没有审慎地评估，就找到一些东西自己吓自己。

因为多数的父母不会接触到很多的孩子，所以不了解当孩子有某些行为的时候，究竟是常态，还是刚好孩子有一点极端。你可能会紧张，觉得平时孩子没有这样，突然变这样，是不是有问题。

像这样没办法比对的时候，如果真的担心，建议要找合格的医疗机构做评估，确认孩子是不是真的有状况。如果有的话，跟治疗团队谈谈用什么方式治疗比较好。不要随意轻信别人说的"我家孩子也这样，医生给他吃了什么什么药，就好了"。虽然别人跟你家的状况描述起来很像，但是背后的原因可能并不一样。

## ◆广泛流传的"科学"知识，其实只是迷思

接下来谈谈我们对大脑的迷思。第一部分是关于大脑的发展。

### 正确认识我们的大脑

最容易浮现的问题就是：婴儿的脑和成年人的脑有什么不同？

其实在婴儿出生时，大脑中的脑细胞数量跟成年人的脑细胞数量差不多。其实多数的神经元在母亲怀孕的最初三个月就产生了。但是这并不是说婴儿和成年人的大脑是没有差异的。不同处主要有两个：

一，小脑和海马回①的神经元在出生后才大量增加，小脑跟工作平衡有关系，海马回是跟记忆有关的脑部区域。

二，脑细胞之间的连接在婴儿出生第一年会快速增加，甚至会超

———————————
① 海马回，又名海马体、海马区、大脑海马，因形状和海马相似而得名。

过成年人的数量，之后没有使用的连接会被删除。

此外，头的大小，与脑功能的强弱是没有关系的。

所以大家不用担心孩子的头比较小，会不会比较笨。虽说如此，不过爱因斯坦的脑被留下，大家发现他的脑不比一般人大，但他的顶叶区域比一般人的大。顶叶主要负责空间和注意力处理等等。然而很难说是因为他顶叶大，所以才会比较聪明，或是因为他常使用，所以这个区域的发展比较好，这并不确定。

大家也许会好奇，什么会主宰脑的发展呢？一部分是来自亲代的基因，另一部分则是来自后天经验的刺激。因为先天、后天的因素都会产生影响，所以若先天不良，是可以通过后天的加强来补益的。

那后天经验是否有一个关键期呢？

大家在很多媒体上可以看到：要掌握孩子出生后的最初几年或几个月，如果过了这个时间没学到什么，就永远也学不会了。到底是不是这样呢？

其实，事情没那么夸张，几乎所有的功能都没有应该在某一时段会的所谓关键期，充其量只能说有一个敏感期，也就是说在某一段时间对于发展特定的心智功能特别容易。错过了这个时间，也可以发展，只是可能发展得没那么快。

一个重要的提醒就是不管在什么年纪，即使是年长者都是可以学习的，所以大家不需要急着在孩子小的时候就灌输一大堆的东西，生怕他跟不上其他人。

虽说后天的经验也会影响，但以现代人的标准来说，多数的孩子其实所处的环境都能提供足够的刺激，所以大家真的不需要太担心自己的孩子是否没有足够的刺激，而是要担心，是不是给了他太多太多的刺激。

那为什么大家都会觉得孩子的发展在三岁前就决定了呢？甚至连当年的美国第一夫人希拉里都公开为三岁以下的教育募款？其实当时的研究是在猴子身上做的，发现猴子到了三岁时，脑细胞连接的密度已经和成年的猴子差不多了。但是，猴子的发展历程比人快速，三岁大的猴子，其实相当于十二岁或十三岁的人，所以如果真的要说几岁前决定，在人类身上肯定不是三岁。

左脑、右脑的发展是否有所不同？

从一些研究数据来看，确实发现人的左脑、右脑会负责不同的任务，但这类研究的证据是从左右脑无法沟通的病人身上得到的结果。在一般人身上，我们多数的认知功能跟两个脑都有关系，左右脑都是有相当程度的活化，只是可能在执行跟创造力有关的任务时，右脑稍快一点，在执行与语言相关的任务时，左脑的运作会稍微快一点。

一个相关的迷思就是性别对脑发展的影响。人们会认为女性左脑发展比较好，所以女性语言能力较好；男性则是数学能力好。实际上整体来看，男性跟女性在能力上的差异没有明显不同，脑部的发展也没有明显差异。

有人宣扬说要用图像法学英文，因为图像主要用右脑，所以学英文可以学得更好。不管图像还是语言的处理，都涉及左脑和右脑。

如果认为右脑跟视觉空间有关系，但处理图像与处理视觉空间并不是相同的事情。还有荒谬之处在于：语言不是应该跟左脑相关吗，为什么要开发右脑来学语言？大家千万别被骗，对于多数人来说，左右脑是一起工作的。

## 促进大脑发展有方法

第二个部分我们来谈谈关于促进大脑发展的迷思。第一个要分享的就是我们大脑是否只用了 10%。首先，10% 这件事情过于夸张，即便只做一件很简单的任务，例如活动手指，大脑中活动的部分都远远超过 10%。不论是电影《超体》中的露西或是《永无止境》中所描绘的，都只能说是夸饰的手法。

其实不管大脑究竟用了百分之多少，我们都有可以进步的空间。大家更需要知道，是否有办法帮孩子开发潜能，让孩子更聪明。

一个在民间盛传的说法就是听古典音乐，或应该说听莫扎特的音乐，据说有研究发现听莫扎特的音乐，会让孩子变聪明，更有创造力。企业界还用了一个词汇"莫扎特效应"来说明这个效果，推出很多 CD。

但这究竟有没有效呢？虽然最初的研究确实发现听莫扎特的音乐会对孩子们某部分的能力有所提升，但后来很多想要重复这个研究的尝试都失败了，没办法得到同样的结果。

甚至有研究发现，不论是听莫扎特的音乐，还是读侦探小说，只要让人做他喜欢的事情，他之后的心智功能都会有所提升。换言之，关键真的不是音乐或小说，而是让人做喜欢的事情，他之后的表现就会比较好。

不过，如果只是培养孩子的性情，听听古典音乐倒是不错的做法。

那现在到底有什么方法可以让孩子变聪明呢？少数比较公认有效的做法是，让孩子做一个需要仰赖双重工作记忆的任务——n-back练习[1]：

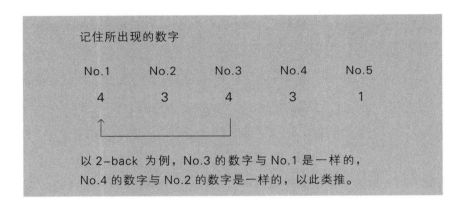

记住所出现的数字

No.1　　　No.2　　　No.3　　　No.4　　　No.5

4　　　　3　　　　4　　　　3　　　　1

以 2-back 为例，No.3 的数字与 No.1 是一样的，No.4 的数字与 No.2 的数字是一样的，以此类推。

先看上面的图，一共有五个数字，数字是依序被听到的：4，3，4，3，1。你每听到一个数字时，需要判断它跟之前的两个数字是否一致。前两个没办法判断，第三个要判断它跟第一个是否一样，在这里是跟第一个一样的，第四个跟第二个一样，第五个跟第三个就不一样了。这个判断非常复杂，你除了要记得东西之外，还要比对，并更新信息。

———————————

[1] n-back 练习要求被试者将刚刚出现过的刺激与前面第 n 个刺激相比较，通过控制当前刺激与目标刺激间隔的刺激个数来操纵负荷。

这张图与第一个图类似，但要记的是空间位置，要比对之前的两个东西是不是跟现在的东西位置相同。

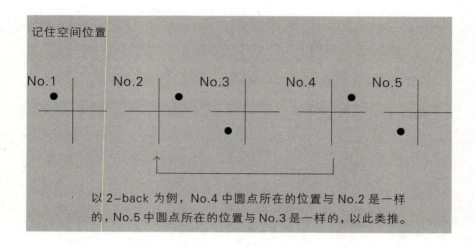

以 2-back 为例，No.4 中圆点所在的位置与 No.2 是一样的，No.5 中圆点所在的位置与 No.3 是一样的，以此类推。

光做一个任务可能就很难了，再看下面这个图。

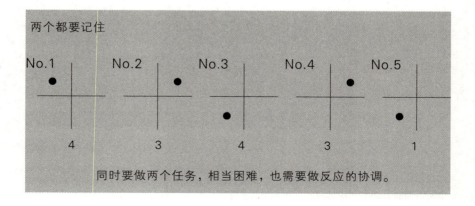

同时要做两个任务，相当困难，也需要做反应的协调。

你要同时做两个任务，一边看一边听，同时做出反应。如果你耐得住性子，多做这样的训练，你的流体智力①就会有提升。如果大家对这个作业有兴趣，想要孩子玩玩的话，智能手机的 APP Store（应用商店）上有免费的游戏，输入 n-back 搜索就行。

除了担心孩子聪不聪明之外，现代的父母更担心孩子快不快乐。在欧美一些学校已经把情绪教育当作重要的一环，他们教育孩子去区分自己什么时候受到情绪的影响，所以该暂时保持冷静，就不要贸然行事，等自己情绪比较稳定了，才去做出反应。

虽然对较小的孩子来说，这样做比较困难，但大人可以引导孩子们去接受自己有一个情绪小超人，这个小超人生气的时候就不能当孩子的好朋友，所以要等他不生气时，才能跟孩子做朋友。另外，对于较小的孩子，父母也可以善用分心的做法，让孩子可以将注意力转移到其他事物上，这样就会降低情绪对孩子的影响。

欧美也开始提倡让小朋友做冥想训练，用中国人的说法，就是"打坐"。打坐的好处在近几十年被学界所承认，几乎所有的心智能力，都可以通过打坐而有所提升！尤其在资讯爆炸的现代，让孩子学习静下来，不要过度被外来的刺激所引导，这其实是很重要的功课，也是爸妈们应该学习的。虽然刺激越多越会刺激大脑，但当刺激多到一定数量，反而会造成反效果。

打坐为什么会有效呢？因为打坐仰赖着人们必须要控制自己不

---

① 流体智力是美国心理学家 Raymond Bernard Cattell（雷蒙德·卡特尔）在 1941 年提出的说法，他把人的智力分成流体与晶体两个部分，前者与处理信息的效能有关，也比较容易随经验变动。

要过度被外界的刺激所影响，但又要能够达到天人合一的境界，就是要让自己的心流很顺畅。这样的能力与棉花糖实验中谈论的忍耐能力是息息相关的，因为两者都涉及了自我控制。

在五十年前，美国心理学家 Mischel（米歇尔）只用了一颗棉花糖，就做了一个名留历史的实验。在这个实验中，他告诉小朋友：如果他们现在就选择吃掉棉花糖，那他们就只会得到一颗棉花糖；但若他们可以等十五分钟，那他们就可以获得两颗棉花糖。

当时他就发现有些孩子可以忍耐，有些孩子不能忍耐。他持续追踪这些孩子的表现，比较有意思的是在十年后，他发现当时可以忍耐的孩子，学业表现比较好，这个实验迄今已追踪了四十年，当时能忍耐的孩子，后来的婚姻状况也比较幸福美满。

乍看之下，好像训练孩子忍耐很重要，所以我们不该立刻奖赏他们，要让他们忍着，延宕给予他们的奖励。但实际上，关键并不是忍，而是要训练孩子去管理自己，知道什么时候该要，什么时候该放手，这样才会有更好的效果。

谈到这个实验也带出一个重要的问题，就是父母该怎么奖赏自己的孩子。最重要的原则就是父母要有"原则"：不能今天高兴，就随便给孩子打赏；明天工作不顺，即使孩子再乖巧，也迁怒于他们。

父母可以针对自己孩子的特性，树立不同的原则，重点是不要让孩子觉得这原则太难以达成，干脆选择放弃。惩罚孩子绝对是最后一条路，因为惩罚的效果只是短暂的，但却有长久的副作用，甚至会降低孩子对成年人的信任感。

建议的做法，可能是很多爸妈也在用的，就是集点的制度（收集点数）：让他们从小学习要靠自己的努力，来换取自己想要的东西。因为通过集点所换取的东西，不是立刻就会拿到的，所以这样做可以训练他们的管控能力；因为表现不好扣掉点数，不会立刻影响他们是否会换到自己想要的东西，所以伤害并不是那么即时、直接。

不过若父母选择了用集点的制度，那也要记得掌握原则，该给点数时就要给，该惩罚时就要拿走，如此一来这个制度才能有效地运作。

## ◆ 结合脑科学，科学育儿这样做

最后来谈一些结合脑科学的育儿建议。

第一，要让孩子有主宰权。

很多父母会觉得孩子小、不懂事，所以就帮他们安排好大大小小的事情，但这样做其实相当不好，一方面这会让他们的大脑处于被动的状态，另一方面这会让他们欠缺自我做决策判断的能力。

当然父母让孩子有主宰权的话也有一个前提，必须确保孩子的选择都是相对安全的，不会对他们造成不可磨灭的伤害。此外，现在资讯量过于庞大，帮孩子做初步的筛选也未尝不是一个好建议，一方面可以筛选掉父母觉得不恰当的选择，另一方面也可以降低孩子暴露在过度资讯中的风险。

第二，给孩子的教育适合孩子的个性。

每个孩子都不同，身为两个孩子的家长，我和太太都深刻觉得，孩子的长成，先天的基因真的不可抹杀，甚至有时候先天远大于后天的影响。不知道其他爸爸妈妈是否有同感呢？

既然每个孩子都不同，那就不需要强迫自己的孩子一定要跟某某某的孩子一样，两岁就开始学英文，三岁就开始学钢琴。每个孩子都有自己所擅长的项目，爸妈该做的事是，给孩子提供多元刺激，早点发掘他的长处才是重要的。

像我们家的哥哥从小就不太会画图，现在五岁多，画的图还跟两三岁的孩子画的差不多。但他却很会搭乐高，大人可能都搭不出他那样有规划的乐高，我们也不特别担心他的发展。

若父母觉得孩子的发展真的比同年龄的孩子迟缓，每个方面都缓慢的话，建议找专业的团队做评估，评定是否发展迟缓，早介入会有早一点的帮助，并且思考该如何协助他们。

第三，引导孩子离开舒适区，来到学习区。

人脑是很节能的一个器官，很容易习惯化，因此父母也必须适度挑战孩子，引导他们离开自己的舒适区，挑战一下自己，才会有所成长。

但父母也必须确保这个挑战难度不是一下提升太多，否则会产生太大的挫折感。民间所谓的潜能开发，其实说穿了也就是利用这样的原则，只是他们会迎合孩子的喜好，让他们乐于参与挑战。所以父母也可以用心规划一下，自己在家中就能够帮孩子做潜能开发。

第四，身体发展更重要。

过去我们会觉得肢体发展和智能发展没有关系，但越来越多的研究显示，身心是一体的，所以让孩子不要成为肢体障碍，这件事很重要。

在都市化的环境中，要让孩子活动自己的肢体或许不容易，但很多亲子互动，其实也不需要复杂的道具，就可以达成了。如果爸妈觉得自己不能带孩子做肢体的活动，也可以参加其他的课程，或者送他学跳舞、打鼓等，都是不错的选择。

第五，让孩子睡好、睡足。

睡觉是一个看似没功用，但其实很重要的行为。让孩子有充足的睡眠很重要。在华人社会父母都较晚睡，孩子也晚睡，其实这是不太好的。父母为了孩子的发展，应该早点哄他们就寝，自己跟着睡也没关系，但重点是要孩子养成早睡的习惯，这样的睡眠才会是充足的。至于到底要睡多久，众说纷纭，父母可以视孩子的情况调整出最适合的睡眠时间。

第六，多陪伴孩子。

这是所有建议中最重要的，也是很多父母很容易忽略的。因为工作忙的关系，很多父母可能根本没时间陪自己的孩子，都是由别人或是家中的长辈来照顾。

爷爷奶奶照顾没有不好，但父母还是需要与孩子建立自己的联结，若有一天爷爷奶奶离开人世，才不会让孩子觉得被遗弃了，很孤单寂寞。多陪伴孩子，也能够协助他们情绪的表达与处理，这部分的能力越早帮孩子培养越好。

 世界卫生组织 |
新生儿健康建议

 世界卫生组织 |
婴幼儿喂养

**Q** 要不要鼓励两岁孩子多爬？

我最近听说两岁前多爬对小孩以后的好处很多，请问老师，我宝宝爬得早，但她会走了，就很少爬。她快两岁了，现在我该怎么做？

**A** 关键在于让孩子有多元的接触，如触觉、嗅觉、味觉等等。

关于爬有好处的说法，应该是认为孩子在爬的时候，手、脚、肘、膝等有较大的面积会有触觉反馈，认为这些反馈对孩子好。所以，真正的好处并不是爬行，而是有反馈这件事。

此外，现在的孩子和过去的孩子相比较，确实很少有机会有手脚等肢体上的触觉反馈，因为居住的环境改变了，没办法到处爬树等玩耍。取而代之的是电视、平板电脑等产品。若孩子花太多时间在那些产品上，触觉上的反馈确实会少很多，肢体的协调等也都会有状况。

玩玩黏土就是不错的选择，现在也有很多刺激感官整合的玩具，有需要的父母可以参考，关键在于让孩子有多元的接触，如触觉、嗅觉、味觉等等。不一定要买那些昂贵的玩具，更不需要担心孩子会走路之后不愿意爬，很少有孩子在会走之后还要爬的。

**Q** 孩子打人、发火时，该怎么办？

孩子出现影响他人的情况怎么办？例如在公众场合尖叫或打其他小朋友。

**A** 不要当众斥责孩子，需要跟孩子沟通，讨论一个行为规范，并严格遵守。

首先，爸妈记得不要当众斥责孩子，否则伤害更严重。父母可以先跟他人表达歉意，然后再跟孩子沟通。若沟通后，确认孩子不是故意的，那要让他们清楚地知道，他们这样的行为，会对别人造成伤害；若他们不希望自己也被别人这样对待，那就不应该用这种方式去对待别人。

但是，如果孩子每次都说不是故意的，也是需要担心的，因为孩子可能并不是真的不小心，而只是不想被骂。需要跟他们讨论出一个规范、奖惩办法等，以降低类似行为发生的频率。倘若孩子是明知故犯，那就要严肃一点去面对，甚至让他们自己去承担行为的后果，不能父母都帮他们顶着。

孩子小的时候，讲道理没用，但爸妈也要假装讲道理，让他耳濡目染，长大就比较容易接受讲道理的方式。

**Q** 我儿子明年一月就三岁了。这两个月来，要不满足他的要求，就会出现打人、咬牙切齿、抓拳头等现象。我会先解释为什么不可以，但他当下听不进去。我是不允许他打人，会警告他。他再打，我就让他站到角落冷静一下，他就会很害怕，马上跟我道歉。我给他个拥抱，事情就这样过了。我这样处理可不可以？他现在是不是到了执拗敏感期？

🅐 跟孩子约法三章，并如约执行。如果孩子的反应总体现在肢体动作上，也可以想办法让他发泄自己的体力。

首先，从描述中，我感觉父母处理事情的速度太快了，孩子可能根本还没回神，就已经完成好几个步骤。建议跟孩子先约法三章，毕竟孩子已经快三岁了，可以做约定了。讲清楚做哪些行为的时候，就要被惩罚或是就拿不到奖赏。

孩子犯错时，就要按约定去执行，不能因为孩子被惩罚的时候有悔意，就马上结束惩罚。如果是初犯，可以在约定的惩罚已经进行一段时间后，跟孩子说："念在你是第一次这样，那惩罚到这里就好了；下次如果再犯，就要照规定来了。"

另外，如果孩子的反应都是诉诸肢体的，也可以想些方式，让他发泄自己的体力，做些球类运动或许是不错的选择。最后，有可能孩子不了解做这件事情的严重性，父母可以让他体验一下被别人咬、打，自己的感受如何。帮助他们了解这些事情的严重性，也能够改善行为。

这位妈妈的做法其实不错，在国外的很多研究里也很常用，先让孩子静一静会比较好。

🅠 什么时候对孩子进行智力训练？

孩子的智力训练应在什么时候进行，如何系统地进行？如果早期没有进行，后期能够弥补吗？

🅐 智力有很大一部分是天生的，不过人脑可塑性很强。

虽然这样讲有点令人沮丧，但智力有蛮大一部分是天生的，所以通过训练能够改善的会比较有限。

人的脑有很强的可塑性，若真的想帮孩子做训练，三岁以下的孩子，大概只能训练知觉能力、处理速度的能力，因为他们的逻辑能力发展还不完善。父母可以训练孩子从复杂的图画中寻找物品，当作练习，很多桌游在玩的时候都会训练到这样的能力。

等孩子再大一点，可以通过写程序的方式来训练逻辑思考的能力，在英国就有推广五岁小朋友开始写程序的方案，民间也有一些智能积木等，可以通过写简单的程序代码，来让积木变动。

至于记忆力的部分，对过去的人来说可能很重要，但现代社会中，记忆力相比之下已不太重要，要不要多做训练就见仁见智了。

**Q** 孩子出门不爱打招呼怎么办？

孩子在家挺活泼，但是出去见到人就不愿打招呼，怎么引导？

**A** 不要逼孩子打招呼。如果爸妈特别在意，可以通过读书等方式让孩子知道打招呼的重要性。

关于这个问题，我还挺有感触的。我家老大在家时，你不会觉得他是内向的孩子，但出去就不会打招呼。每个孩子都不太一样，有些孩子比较内向、害羞，要很长的时间才愿意跟陌生人打招呼。有些孩子则是相处一小段时间后，就可以跟别人打招呼。

和陌生人打招呼、问好，在华人文化中是很重要的一环，不过大家可以想想自己是否满意这样的做法，你是否有时候也希望自己可以躲起来，不要理人呢？

　　我不会强烈建议逼孩子打招呼，但如果爸妈觉得这件事是一个困扰，可以通过一些书籍、举例，让孩子知道打招呼这件事情有哪些重要性，甚至可以给孩子一些好处，这样的奖励措施，或许能够让他们改变习惯。所以爸妈不用太紧张。

**Q** 很想知道，如何才能做个科学的淡定妈？

**A** 别把孩子放在最重要的位置就可以了。

# 第三部分

# 聪明学习

每个孩子天生就是小小科学家，
这些科学家会用什么方式来学习？
在当前的重科技时代，我们做父母的，
该如何跟这些小脑袋相处？

# 第六章　小孩子怎样学"科学"？

王贞琳

王贞琳：中国科学院心理研究所博士，美国宾夕法尼亚大学教育研究学院博士，中国香港教育大学心理研究学系助理教授，爱贝睿家长教练。

科学无时无刻不存在于我们生活中，点滴渗透。尊重孩子的观点，倾听他们的声音。你大可放心，想象和科学可以和平共处。

## ◆孩子如何了解世界？

各位爸爸妈妈有没有发现，小朋友眼里的世界跟成人眼里的世界很不同，好像他们是生活在另一个星球上一样。比如你告诉他地上脏，有很多很小很小的虫子，叫细菌，如果吃到肚子里会生病，所以不可以用舌头舔地板。小家伙很不以为然地告诉你："我没有看到虫子呀，不脏呀。"顺便瞟你一眼，好像是说：你是不是瞎掰啊，明明干净的地板，哪有虫子？这反映了儿童对世界的看法确实和成人的看法是不一样的。在认知发展上把孩子的这种不成熟的甚至是错误的看法叫作朴素理论，也有人叫天真理论。

那孩子到底是怎么了解世界的呢？大家的第一反应可能是：小朋友是通过知识的积累来了解世界。当然了，这是一个很重要的因素。但是在孩子的认知发展过程中更重要的一个成长机制是概念的变革。

首先我们想一想科学家是怎么了解世界的。科学家在现有理论的基础之上，建立假设，收集数据，验证或推翻假设，重新建立假设，重新收集数据。其实孩子也是用同样的过程来了解世界的。儿童的概念变革就和科学的进步是一样的，是在不断地修改、推翻先前的概念的基础上发展的。

我举一个我家宝宝小海豚的例子。他对屏幕的经验都来自平板电脑，所以他在我办公室第一次看到台式机屏幕就用手去戳。也就是说，他的理论假设就是屏幕都是用手戳来操纵的。等他收集的数据显示台式机屏幕对手戳没反应时，他就得推翻这个假设，重新去建构理论。那这次有妈妈帮忙，演示给他看怎么用鼠标，鼠标操作就成了适用于台式机屏幕的新理论。所以孩子在自由探索过程中不断尝试错误本身就是理论建构的一个必经环节。

科学理论的变化依靠的是范式的进步。范式就是美国科学史家Thomas Samuel Kuhn（托马斯·库恩）的科学哲学里面提的 paradigm，它指的是共享的概念和实践模式的网络。范式的变化不具有累积性，而是革命性的：旧的范式被淘汰，由新的范式替换。

什么叫作范式，我举一个例子。比如说如果你跟我同龄，我们年轻的时候听音乐用的是 walkman（随身听）和录音磁带，walkman 在那个年代很酷的。但是后来有了 CD（光盘），数字化了，再后来有了 MP3 播放器，之后有一段时间用 Napster（纳普斯特），多谢 Steve Jobs（史蒂夫·乔布斯），现在年轻人用 iTunes（苹果公司最热门音乐软件）。这就是范式的更新。我们在不停地用新的形式去解决同一个问题。

范式更新过程中很难确定地说新的范式比先前的更合理、更好，因为整个概念网络和研究模式都不同了。儿童的概念发展也是一样的。一方面孩子需要渐进地积累科学知识，另一方面孩子也在不断地推翻先前的理论范式，建立新的范式。先前的知识或概念会成为垫脚石帮助孩子发展新的概念。旧的理论、概念跟新的理论、概念可以在同一段时间内共存，它们是不冲突的，而且朴素理论的更新也不一定总是线性的，有时候可能会开倒车。比如说有一段时间孩子已经学会了一个新的概念，但是到另外一个情景的时候他又用旧的概念来解释。

比如对地球形状的理解：根据孩子日常的经验，他们会认为地球是平的，但是成人又告诉孩子地球是圆的，这时候就产生了认知冲突，孩子就会用自己的推理去重新加工这个信息。有一个孩子想了想，突然豁然开朗地说："哦，我知道了，地球是像一个盘子那样的形状。"你想想，地球是盘子形状这个理论其实很有"道理"：我看到的地面是平的，你又说它是圆的，那它一定是盘子了；它既是圆的，又是平的，所以才能支撑得起上面的各种东西。这就是范式更新的一个例子。旧的范式是平面地球，新的范式是盘子地球。

所以，每个孩子天生就是一个小小科学家，他们认识世界的方式其实是和科学研究的方式类似的。

不管是细菌、地球，还是进化论，这些概念都是需要成人介绍给孩子的。这样的概念发展并不是简单的信息的累加，知识点必须得放在一个概念框架里才能很好地被理解。就像前面讲的地球的例子，你可以告诉孩子地球是圆的，地球是球体，但他不一定明白，他会从自己的概念框架去理解，就会得出盘子地球的结论。

那从家长和老师的角度来讲呢，我们要尊重孩子的概念体系和理论框架，允许孩子犯错误，这是他们的学习过程。有的时候，你要容忍在一段时间内孩子保持错误甚至自相矛盾的概念。你这时候着急是没有用的，你一定要教给他正确的理论也是没有用的。切忌武断下否定的结论：你说的是什么乱七八糟的，全是错的。为什么呢？因为从幼儿到研究生阶段，科学教育的目的永远都是学会科学探索和思维的方法，而不是简单的科学知识的积累。所以不能用结果是否正确来作为科学教育的标准。

试想科学史上人们曾经认为是对的理论，有多少已经被推翻，被更新。如果没有更新，我们这些做科学家的就没事做了。比如说，以前人们认为太阳绕着地球转，现在我们认为地球绕着太阳转。科学进步就是以这种推陈出新、范式更替的方式进行的。

我现在考一考爸爸妈妈的科学知识，看看爸爸妈妈们有没有错误概念。

以下哪种动物不是鸟？

鸡

企鹅

蜻蜓

鹈鹕

答案是蜻蜓。看汉字就知道了，只有蜻蜓有虫字旁，其他的都是鸟字的形旁。所以蜻蜓是昆虫，其他的都是鸟类，虽然鸡和企鹅都不太会飞。爸爸妈妈都答对了吗？

## ◆ 有必要教孩子高深的科学知识吗？

有家长、幼儿园老师，甚至有研究儿童发展的专业人士问过我这个问题。这个问题可以从两个方面解答。

第一，孩子在生活中接触到很多科学知识。以生物学知识为例，儿童会接触受伤、生病、饮食安全、健康均衡饮食等概念，也能对这些概念给出合理的因果解释机制。所以说深入探讨生物概念的因果关系（比如细菌和生病的关系）是有必要的，并且是有足够准备的。我以前介绍过一个儿童绘本叫作《子儿，吐吐》。这本书说的就是儿童自发的朴素生物学理论：你如果把子儿埋在土里会发芽长树，吞到肚子里也应该会在头上长树吧。上次介绍完这本书很多家长都回信说自己小时候也有过类似的担心：长树。可见这是一个非常普遍的自发的错误概念，里面涉及类比和推理的过程，其实是很有"科学道理"的错误概念。在这个概念基础上帮助孩子区分动物的饮食排泄跟植物的生长的区别就是水到渠成、顺理成章了。

第二，儿童天生有系统的科学探索的能力。他们是天生的小小科学家，对科学概念的探讨是孩子的自发要求。美国发展心理学家Alison Gopnik（艾莉森·高普尼克）曾经演示过孩子对问题的解决方式，其实就是利用贝叶斯推理(Bayesian inference)的方式进行的。

简单地说就是儿童在自由探索的过程中会有系统地尝试各种可能性，迅速地利用每一种可能性出现的概率统计出哪一种可能性最靠谱。比如遇到一个新的电动玩具，孩子会去尝试用各种方式让它动起来，每一次尝试都是一个新的假设验证的过程。几个回合下来，孩子就已经知道：我按红的键有时候启动，有时候不能启动，那这就是一个小概率事件；可是我如果按蓝的键，每次都能启动，这就是一个大概率事件，所以我以后要按蓝色的键。同样的，孩子在游戏的时候自己会发现，你把塑料的玩具放在浴缸里，大部分时间都会浮起来，把金属的玩具放在浴缸里，大部分时间都会沉下去。于是就会得出结论：塑料材质的东西会浮，金属材质的东西会沉，当然这也是错误的概念，我们后面会讲。这就是贝叶斯推理。

所以，科学教育在儿童这个年龄，不是坐下来教书给孩子。科学不只是地球人都听不懂的外星语言，更多的时候科学是我们生活中的十万个为什么。孩子有了解科学的愿望，也有科学探索的能力。我们在日常生活中，在和孩子的交往过程中，已经在不知不觉或者是有目的地给孩子很多科学知识了。

# ◆ 科学概念怎样教？

说到这里，大家就会问了，我怎么教科学概念呢？其实有一些错误的概念可以在不自觉中自我纠正，不需要专门教。比如孩子随着经验的增长，自己就能理解吃饭让人长高长大，但是人不可能一直长高长大，所以爸爸妈妈每天也吃饭，但是他们不会长成大巨人。对于这种自发的概念转变，父母可以做的是，提供丰富的环境刺激，给孩子探索的机会。在适当的时候你可以通过问题激发孩子的科学思维，而不用专门去教。

有一位研究者兼妈妈的同行，提到自己女儿的生物学概念的时候说，女孩有一天在吃饭的时候突然说："Isn' t it funny the chicken（盘子里的鸡肉）we eat sounds just like chicken（农场里可爱的小鸡）？"就是说我们吃的鸡肉发音听上去和小鸡发音是一模一样的。妈妈就解释给她听这两个概念的关系，女孩受到极大的冲击，之后吃了一个星期的素食。这个例子告诉我们经验的重要性。城市里长大的孩子只知道鸡肉是超市里买来的，却不知道农场里的鸡和盘子里的鸡肉的关系。但是如果有农村生活经验的孩子就不会犯这样的错误。

最近我给小海豚读一本书——日本绘本画家五味太郎的书，叫作 *Everybody Poops*（《每个人都拉屁屁》）。三岁的孩子对拉屁屁这件事特别热衷，所以这本书就非常受欢迎。书里最后一句话是说：

All living things eat, everyone poops. 意即所有的生物都吃，所以每个人都要拉。这么简单直白的生物学概念符合儿童的生活经验，一读就懂，就更不需要有意识地去教了。

我说它简单直白，并不代表它不是科学，这是一个非常重要的生物学的概念。但是有一些概念，尤其是现代科学的一些概念，比如说前面提到的细菌、地球的形状，这些和我们日常生活的经验不一致，有时候甚至冲突，有悖常理，这时候就不可能是孩子在自由探索中自己发现了，就一定要成人来教了。

教孩子这些科学概念，首先要了解孩子当下的理论是怎么样的，然后有目的地激发孩子的认知冲突，通过验证假设、类比，或者思维实验（thought experiment）的方式有目的地解释澄清新的概念。有必要的时候要提供新的概念来支持理论转变，比如说：你要讲细菌，讲生病，可能病毒就是一个新的概念；讲地球的形状，地球引力就是很有必要了解的新的概念。

## 了解孩子当下的理论

要了解孩子当前的地球形状理论是怎样的，可以请孩子画一个地球，还有人住在地球的什么地方。有研究者做过这样的研究，发现孩子关于地球形状的心理模型是各种各样的：

有的是画一个圆碟子，人站在碟子上面；有的是画一个空心的球，人住在地球里面；有的是画一个二维的正方形；有的是画一个扁平的球体，人住在球体的上半部；还有所谓的双地球模型——我们住在地面上，地面是平的，如果你说地球是一个球，那它一定是天上的一个星球。

这些模型体现了孩子是把科学概念和日常经验糅合在一起，既想画一个符合科学描述的旋转天体的球形地球，又固守已有的日常观察：大地是平的，支撑万物，天空和日月星辰都置于大地上方。所以画画就是一个了解孩子当下理论的方法。

## 激发认知冲突

明白了孩子现在的认知状态之后，要帮助孩子去解释他的认知冲突。比如说，孩子洗澡的时候可能会注意到有的玩具可以在水里浮起来，有的会沉下去。这是一个很好的讨论沉浮的概念的机会。可以让孩子预测一下，什么东西会沉啊，什么东西会浮啊，然后什么材质会浮，什么材质会沉，并且找出这些东西的共同特征。其实这就是一个提出假设的过程。小朋友可能会假设说：塑料的东西会浮，金属的东西会沉。这个时候你就可以引入认知冲突。

什么是认知冲突呢，你可以提出一些反例来质疑孩子的假设：金属的东西会沉，为什么轮船是金属做的，但是轮船可以浮呢？塑料的东西会浮，可是我这里有一个实心的硬塑料球，把它放在水里，它反而会沉下去呢？

## 验证假设、类比，或思维实验

关于沉浮的概念，接下来就可以做探索性的实验了：收集各种各样的物体放到水里，检验你刚才的假设，归纳沉和浮的特征，并系统地比较和记录。

类比的方法可以用来解释一些比较不容易观察到的现象。比如细菌非常非常小，我们的肉眼看不到。那如何让孩子明白有细菌这个东西呢？你可以领孩子在楼下的花园里观察蚂蚁，蚂蚁很小，但是如果我们趴在地上是可以看到的。你再带孩子上楼从阳台看，现在我们知道蚂蚁在花园里，但是因为我们离得太远，蚂蚁又太小，所以看不到。细菌也是一样的，它们太小了，所以我们看不到。细菌这个概念还可以用解释的办法，比如你可以做个实验，把面包在室温下放两天，看它上面长毛变黑。为什么会长毛变黑呢？因为有霉菌在上面生长。

教地球的形状也可以用上面讲的类比的方法：找一个你能找到的最大的球，在上面钉一个大头针，假设大头针是一个人，这个人能看到的区域就是视线所到"地平线"的范围。假想自己就是这个大头针人，用笔画出这个圈。现在看看这个圈里，几乎是平的是不是。所以我们认为地球是平的，是因为地球太大，我们太小。

另外，你还可以尝试做思维实验。还是以地球为例，可以问孩子：如果地球是平的，你沿着一条线一直走下去，你会走到哪儿呢？如果能够走得更远，会到哪里？你会不会从地球上掉下去呢？你会掉到哪里呢？

## ◆ 孩子提问时，怎么回答？

下面我们就给家长们提供一些小贴士，碰到孩子的问题或碰到孩子的错误概念时，我们应该做什么。

第一，你要了解孩子当前的知识状态。

即使是不完全正确的朴素理论，也可以为孩子学习正确知识提供框架，所以要尽量启动孩子现有的知识。可以请孩子画画，或是问问题，看孩子的解释。

第二，不要太快给出正确答案。

我前面讲了，你给正确答案，很多时候也没用，一定要孩子自己思考之后，才能转过这个弯儿。所以要让孩子自己思考、尝试解释和预测，如果地球是平的，一直往前走会走到哪里呢？

第三，可以提开放性的问题。

比如说：你为什么这么认为？你这么认为有证据吗？你能不能给我一个例子呢？你从哪儿知道这个道理的呢？用这些开放性的问题去促进孩子继续思考。

第四，帮助孩子有系统地检验假设。

其实就是帮助孩子系统地记录和检验他刚才提的这些问题。比如你收集了五样东西，可以逐一检验它们是沉还是浮。然后可以把检验结果画出来：网球浮起来了，乒乓球浮起来了，金属小火车沉下去了。

浮起来的画在上面，沉下去的画在下面，最后归纳：什么特征的东西会浮，什么特征的东西会沉。

第五，提供反例，挑战孩子的错误概念。

比如：为什么金属做的船会浮？

第六，必要的时候提供关键的科学概念和知识。

比如孩子对球状地球理论最常见的问题是，如果地球是个球，为什么住在下面的人不会掉下去？这时候你可能需要引进地球引力概念。我们不掉下去是因为地球引力把我们吸向地球，所以不管你住在地球的什么地方，都不会掉出去。这就是用新的概念帮助他解答以前的知识系统里面的困惑。

第七，最重要的是要能够容忍错误概念的存在。

有可能经过了父母的循循善诱孩子还是转不过弯来，没关系，科学探索的过程远比结果更重要。你的孩子可能至今还认为吃了子儿头上会长树，我相信总有一天他会转过这个弯的。我们作为父母不都是经历了这个过程，现在读《子儿，吐吐》时才会心一笑吗，何况保留孩子的一点想象力又何尝不是一件好事呢？

## 科学与想象可以和平共处

说到这里，我想起前面讲绘本的时候曾经有爸爸妈妈问过：读绘本的时候有很多充满想象但不符合科学的内容，不知道会不会给孩子造成科学常识的混乱。这个问题其实大可不必担心，你我小时候也认为吃了子儿头上长树，现在不也挺好吗？科学的世界观和想象力并不矛盾。科学是需要想象力的，没有想象力人类不可能登上月球。

科学和想象都来源于人类区分于动物的最根本的认知能力之一：表征能力，就是在头脑中加工不存在于眼前的东西的能力。

什么叫作表征呢？你可以想象石头缝里蹦出一个齐天大圣孙悟空，也可以背诵化学元素周期表，这些东西都是存在于我们的头脑中，是我们头脑中的表征。孩子的表征能力在发展过程中，所以他们的现实和虚幻的界限比较模糊，对想象的世界更宽容一点。

有研究显示，大约有 40% 的孩子在发展过程中，在某一个阶段都有过想象中的朋友，就像电影《头脑特工队》里面的那个几乎被遗忘的角色一样。他们也更容易接受故事里有创造性的想象情节，他们更宽容。孩子自己的故事、自己画的画儿，也比成人的更有想象力。但是随着年龄的增长，这些都会被逐渐淡化或者由科学的世界观代替。

换一个角度想，科学里面的错误概念其实是孩子认知发展过程中必须要经历的过程。在科学里留一些想象空间给孩子是学习科学概念所必须的。从这个意义上讲，科学和想象都是在给问题找一个"合理的"因果解释。你想想古人对世界的认识，不都是去找个因果解释吗。打雷闪电是因为雷公电母发怒了，这个理论现在听上去是想象，但是在当时这种用人的情绪特征去解释天文现象的假设可以说是非常说得通的"科学"解释。即使是在科学如此发达的今天，当我们试图去解释一些难于理解的情形的时候也会模糊想象和科学的界限，况且我们对于世界的认识是有所谓的领域独特性的（domain specific）。

孩子很小就明白：适用于一个领域的知识并不见得适用于另一个领域。我曾经和一个四岁的孩子讨论小飞侠彼得潘。他告诉我彼得潘会飞。我问他真正的男孩子会不会飞呢？他告诉我说，真正的男孩不会飞，那都是书里的，是想象的。

有研究表明，父母在和孩子玩假装游戏的时候，会用夸张的表情、动作和音调来和现实世界做区分。即使是两岁的孩子都能够非常准确地判断出什么时候妈妈是假装喂他吃东西，什么时候是真的喂他吃东西。所以父母大可放心，想象和科学可以和平共处。

**Q** 怎样用孩子能听懂的语言聊科学？

回答孩子的问题要如何照顾到他的理解力，避免过于艰深晦涩，怎样用孩子懂得的语言聊科学？孩子喜欢问为什么，可很多高深的科学知识也不能给孩子介绍，该如何给孩子解决问题，还保持孩子的好奇心？我们家长本身对科学知识的理解也有欠缺，如何帮助孩子保持爱问的好习惯？

**A** 首先我们要了解孩子当前的知识状态，他现在的朴素理论是怎样的。其次要明白孩子的概念和理论框架是怎么更新的。试着站在孩子的角度去看这个问题。

另外，这个年龄阶段的小朋友需要能够动手操作，能够参与的科学活动。用比较具体的解释、图片和操作性的实验会比较适合他们的认知发展特点。应该避免教科书式的、讲课式的"科学教育"。

孩子的问题是五花八门的，所以我们得慎重地对待，有创造性地去解释。你得想一想：我可以用什么样的设计跟什么样的实验操作，或者用什么样的图片，或者上哪儿去找这些知识，所以很多时候我们自己也跟孩子一起去学。你可以跟孩子一起制定一个目标：好，现在我们的问题是这个，我们可以上哪儿去找到这些知识呢？

这个过程本身对孩子也是一个学习过程，认知的发展其中有一个很重要的主题就是：孩子知不知道自己知不知道，这是个元认知能力。那如果他知道我现在的问题是什么，我们该怎样一起去找答案。

**Q** 怎样跟孩子解释科学概念？

孙子问我："奶奶，黄浦江对面的窗子那么小，里面的人跟我们一样大，怎么能装得下？"我该怎么和宝宝解答这类问题，简单回答满足不了他，深了又听不懂，更不敢糊弄孩子，怕打击他的求知欲。

**A** 您说得太好了，不能糊弄孩子，孩子是小小的科学家，他们有好奇心，有推理能力，有朴素理论。我们做家长跟教育工作的千万千万不能糊弄孩子，类似"你长大了就知道了"这样的回答是不负责任的。

具体到您的问题，我会建议您，可以带孩子过黄浦江去对面看看，那边窗子到底有多大，然后再讲近大远小的道理，可能会有帮助。因为直线透视（Linear Perspective）这个概念，其实也是一个在艺术和科学里面都比较新的科学概念。对孩子来说，您可以一开始用一些比较直观的方式来演示，然后再把这个问题带出来。

**Q** 如何逛博物馆才能收到更好的效果呢？

我们逛自然博物馆、天文馆，基本上是念念标签和介绍，因为家长也不熟悉，也讲不出更多更有趣的知识。这样的话孩子的兴趣调动不充分，只是泛泛地参观，有个大概印象而已。

Ⓐ 我反复强调孩子的科学教育不能用教科书的方式进行，所以博物馆有博物馆的好处，因为它有实物展示，比较具体，你看得见摸得着。

不过带小小的孩子去博物馆也要有选择，比如说有一些专门针对孩子的展览，就有很多能够让孩子动手操作的装置，互动性很强，甚至有一些专门的儿童科技馆，我自己第一次在美国去这样的科技馆，大跌下巴，可好玩了。爸爸妈妈有机会的话可以带孩子去看这种博物馆。

另外呢，如果孩子有明确的问题、疑惑或者兴趣，你带着问题去博物馆，然后在这个过程中找答案可能也比走马观花更有收获。

Ⓠ 要不要订个计划，系统地教孩子科学概念？

儿子两岁半时，我们买了个地球仪。现在问他我们给他讲过的国家在哪里？他都能指出来。他现在对什么都好奇，跟他讲什么，他都很认真地听并都记在脑子里，而且他会不断地想我们说过的知识。比如他会问：“现在是白天，为什么不见太阳？为什么夏天可以去海边，冬天不可以去？”等等。

我们观察到有些知识他还不理解，但他在玩时会想象。如他爸爸和他讲石油是怎么开采出来的。他在玩车时会想象把石油抽出来加到小车里。我们都是遇到了或想起来了才给他传输些科学知识。还没时间仔细想过如何教、怎么教他科学概念。我们该如何保持他那份好奇心？是否要订个计划有系统地来给他传输？

Ⓐ 我觉得这个家庭的科学教育就做得很好啊，爸爸妈妈能给孩子提供一个科学探索的机会，并且和孩子讨论这些科学问题。

就像这个妈妈说的，孩子有时候可能还不明白，但这不要紧，他在反复地加工这个信息，重要的是他有这个好奇心，愿意问问题。如果孩子对某一个问题特别感兴趣的话，也可以有目的地和孩子一起去找资料探讨。

**Q** 教授科学是否会破坏想象力和创造力呢？

小孩可以想象多种答案，比如为什么天黑，教授科学答案就变成唯一的解释了。比如如果孩子说下雨是老天爷打了个喷嚏，是要保护他的想象力，还是要解释下雨的真相呢？

**A** 教授科学不会破坏想象力跟创造力，相反，你给孩子提供科学知识能够丰富和引导孩子的想象力跟创造力。

我会跟孩子指出这个解释的比喻意义，你是说下雨，也就像人打喷嚏一样啊，这个说法很有想象力啊，很吸引啊。我同时也会跟孩子指出来这个天文现象跟生理现象的区别，不过天上下雨跟人打喷嚏可是两回事哦，下雨是因为云层里水分积累到一定程度碰到冷空气就凝结成雨滴，打喷嚏是因为你的鼻黏膜，是你自己。

想象是需要素材的，需要表征的，我们提供的这些科学知识正好给孩子的想象力提供了素材。

**Q** 我到底是要教孩子科学概念，还是要让孩子自己去探索呢？

给宝宝报了一个兴趣班，但是他好像只对直观的东西有所了解，对背后的道理无法理解。现在应该让他随意地先培养兴趣，还是应该把科学道理讲给他听？

Ⓐ 自由探索对概念发展的重要性凸显了给孩子自由游戏时间和空间的重要性。一方面有目的有意义的教学（比如教细菌概念）能够给孩子介绍新的知识点，但另一方面这么教也限制了孩子自发探索的可能范围。

在自由游戏里，科学探索的方法和知识都在积累。在 3-6 岁，不要用太多的有组织的教学来剥夺孩子自由探索的学习机会，这样会为了芝麻丢了西瓜。

科学学习可以在自由探索的过程中自然发生，当孩子表现出疑惑或提问的时候可以和孩子一起讨论、介绍新知识，而这个过程的发生也是自然的、自发的。在这个年龄段，最重要的是爸爸妈妈跟孩子一起玩。

Ⓠ 女孩好像天生不爱科学，该如何引导？

我家是女孩，好像天生不爱科学，如何引导她学习科学知识？能否推荐一些相关的书籍？

Ⓐ 关于科学发展的性别差异其实有很多研究，主要的争论就是说女孩子是天生对科学不感兴趣，还是我们的社会环境里面不太鼓励女孩子学科学呢？现在主要的结论说这两方面的因素都有。

你比如说女孩子可能对机械的东西不如男孩子更感兴趣，这可能跟我们进化过程中的男女分工，包括大脑的一些性别区别有关。另一方面，我们的文化也不是太鼓励女孩学 STEM（Science, Technology, Engineering, Math)。比如，爸爸妈妈可能会给男孩买积木、车等建构游戏的玩具，给女孩子买洋娃娃这种假装游戏的材料。

但是，其实男生女生在科学方面的成就，并没有差别。在全球范围内，大学生的入学比例，女生已经超过男生。所以父母们可以先放下在科学方面女生不如男生这样的观点。

如果你已经有这样的先验的观点，说我的女儿不喜欢科学，你肯定就不会太多给她提供这些科学的材料了。所以先不要考虑是男孩子还是女孩子吧，考虑孩子是一个小科学家，你提供同样的材料，那孩子可能兴趣点不一样，有的女孩子可能跟男孩子关心的兴趣点不一样，那没有关系啊，她仍然是对科学感兴趣，只不过从不同的角度。

可以从孩子的兴趣点上引导，从简单的动物、植物、人体等开始，多问孩子问题。

**Q** 有没有科学类的绘本可以推荐？

我要如何给孩子启蒙呢？有没有科学类的绘本可以推荐？

**A** 首先，对 3-6 岁孩子的科学教育不要神秘化，不是穿白大褂的老教授给你讲一些地球人听不懂的外星文。我们耳熟能详的好多绘本就已经包括了科学知识了，比如《于儿，吐吐》Everybody Poops 等。

另外我们都知道的《好饿的毛毛虫》其实是讲的蝴蝶的变化过程。动物成长繁衍过程中子代和亲代的相似性一般来讲是可以直观地观察到的，但蝴蝶不是。比如说小狗长得像大狗，小猫长得像大猫，那个蝴蝶小的时候是毛毛虫，青蛙小的时候是小蝌蚪，这个变化过程就是一个科学主题。

小朋友读了《好饿的毛毛虫》，就有了这个概念了，更何况这本书既有艺术性，又有故事性，孩子非常喜欢。科学教育就是在这个不知不觉的润物细无声的过程中发生的。还有我们熟悉的《小蝌蚪找妈妈》，也是讲这个子代跟亲代缺乏相似性的故事的。

我这么说，家长可能会说，哦，我从来没有从这个角度去想《好饿的毛毛虫》这本书，其实我们好多书都可以从这个角度去和孩子讨论。艾瑞·卡尔还有一本书叫作《爸爸，我要月亮》，其中涉及月相变化，那个月亮逐渐逐渐变小，后来又逐渐逐渐变大。

也有一些比较系统地讲科学概念的绘本编得很好，比如《肚子里有个火车站》《这样的尾巴可以做什么？》等。

甚至一些科学哲学问题也有很好的绘本可以和孩子讨论，比如《先有蛋》这本书，讲的就是先有鸡还是先有蛋这个哲学问题。

还有一本讲宝宝是从哪里来的书，叫《小威向前冲》，很有故事性，又留有想象空间，没有那么直白。

**Q** 孩子几岁可以开始读科学绘本？

孩子大概多大接触一些科学知识会比较容易接受？现在很多科学绘本是从两三岁开始读的，会不会太早？几岁开始比较合适？

**A** 前一段时间网上流传一张 Facebook 创始人马克·扎克伯格跟他孩子的照片，就是给他新生的女儿读《量子力学》这个绘本的图片，我觉得这一张图片就已经回答了你的问题了。我们讲了不必要神秘化科学教育，我们跟孩子在日常互动中无时无刻不在进行科学教育。

有研究发现，婴儿会觉得没有支撑的物体，不掉落在地上是一件很奇怪的事情，他们会花很长时间去看这样的情形，表现得很吃惊，这可能是因为婴儿已经有足够的机会去观察正常状态下物体失去支撑肯定会掉在地上。

所以从出生的第一天起，我们就已经在给孩子提供丰富的环境刺激，这个环境刺激中已经包含科学教育。绘本可以认为是这个环境的一部分，如果你碰巧找到一本适合小小孩子读的科学绘本，为什么不可以读呢？

给婴儿读《量子力学》不是要教他做公式演算，你仍然是在读一本颜色鲜艳的、画面简洁的、符合儿童心理学原理又有吸引力的绘本，只不过它的内容是量子力学。

# 第七章　搞定"熊孩子"，先提高他们的自控力！

洪一嘉

洪一嘉：中山大学心理学硕士，金宝贝金牌讲师，爱贝睿家长教练。

生命中充满了各种各样的诱惑，希望你的孩子在不断学习中提高自控力，学会认清自己的目标，做理性的决定！

网络上有许多人吐槽熊孩子："杀伤力巨大，会删掉你的存档，摔坏你的模型，划烂你的屏幕，还死乞白赖地要抢走你心爱的漫画、游戏、玩偶……"日常生活中，熊孩子几乎无处不在。他们出没于超市、餐馆、游乐场所，甚至是幼儿园。他们要么动不动就发火，要么动不动就动手。

就像美国绘本作家大卫·香农在他的系列作品《大卫，不可以》所描绘的那样：

爬上椅子去够橱柜上的食物而罔顾危险；

拿着笔在墙上乱写乱画；

光着屁股到处跑；

把玩具弄得到处都是，玩完拍拍屁股就走；

在家里大喊大叫，大吵大闹。

书里面的大卫其实就是作者小时候的写照，而每个人在成长的过程中，也或多或少会有熊孩子的影子！

那么，问题就来了，怎么搞定熊孩子呢？关键在于提高他们的自控力。

## ◆ 熊孩子是如何炼成的？

比如说朋友圈在刷某部好看的电影，于是你的心痒痒的，头脑里感觉有一个小人告诉你："好像很好看，今晚就去吧。"正当你掏出手机要买票的时候，脑子里出现了另一个小人："今晚还有一个重要的任务没完成，去看的话就无法按时完成，等有空再看吧！"这时候，你会怎么选择呢？

1. 去。

2. 不去。先完成任务。

显然，大部分成年人会选择第二项。

孩子的头脑里也有两个小人。一个是冲动自我，一个是控制自我！

冲动自我住在大脑的边缘系统，这里与人的欲望和情绪有关，冲动自我任意妄为，及时行乐。

控制自我住在大脑的前额叶皮质，它克服冲动，负责判断和决策，控制情绪和行为。

冲动自我在孩子出生的时候就已经比较发达，而控制自我则有待发育，一般需要到二十多岁才发育成熟。因此，在孩子小的时候，冲动自我往往会打败控制自我。

但是人类是生活在社会里的，社会里会充斥着各种各样的规则，确保它的正常运行。孩子也生活在社会里，意味着他们也要学会按照规则来行事，适应社会。对于婴幼儿来说，强大的冲动自我和弱小的控制自我会让他们在以下方面有困难：

养成良好的生活习惯（比如按时吃饭、刷牙、睡觉）；

回避危险（比如电源、热水、街道上的车辆）；

爱护家庭财物；

学会与父母、亲人、同伴友好相处；

尊重别人，有礼貌；

…………

除了等待大脑的发育，自控力的发展还有赖于大人的示范和引导，帮助孩子去学会压制自己的冲动，调节消极情绪，以社会可接受的方式来行动。

## ◆ 提高孩子自控力的五件法宝

研究表明，自控力对孩子心理健康、人际交往等方面有着重要的作用。那么，我们怎么提高孩子的自控力呢？下面一嘉老师将给大家介绍五件法宝。

### 法宝 1：兼顾爱与规则

在培养孩子的自控力方面，家长的教养方式很重要。美国心理学家 Diana Baumrind（戴安娜·鲍姆林德）及后来的研究者区分了四种教养方式：权威型、专制型、溺爱型和忽视型。

其中权威型的家长接纳孩子的感受和想法并及时回应，同时设定合理的要求的教养方式，能有效地提高孩子的自控力。简单来说，就是兼顾爱与规则。

这种教养方式让孩子觉得自己是被接纳的，容易使亲子之间产生一种亲密的情感联结，孩子会更愿意配合家长，认同规则，内化规则。

### 法宝 2：具体肯定

孩子自控力不好的时候我们很容易注意到，孩子表现得好的时候，我们也要及时给予肯定和鼓励。当他们意识到自己的努力受到重视的时候，就更愿意去重复这样的行为。

比如说，春节后第一天重返幼儿园，前一天晚上你特别担心孩子早上会哭闹得很厉害，不愿去上学，结果孩子却开开心心地进了幼儿园大门，那么晚上的时候别忘了好好地鼓励他一下。下面你觉得哪种方式更好呢？

1. 宝贝，你今天好棒啊！

2. 宝贝，你今天早上去上幼儿园没有哭，妈妈感到很放心。

答案是第二项。因为它更加具体，让孩子知道自己好在哪里，更清楚要在哪方面继续努力。

## 法宝3：利用内疚感

当我们伤害了别人或想更正自己的错误的时候，会感到内疚。孩子通常在一岁半后会出现这种情绪，它是道德感发展的基础。同样，利用内疚感也有一定的技巧。例如，当孩子冲动之下打了小朋友后，怎么说比较好呢？

1. 你打人，真是个坏孩子！

2. 你打了他一下，他现在好疼啊，哭得很伤心。我们去跟他说声对不起吧。

显然是第二种。就事论事，孩子的行为是错的，需要改正；下次孩子想到这种难受的感觉，动手前就会先想一想了。

## 法宝 4：提高语言能力

语言为孩子提供自我指导的策略。众所周知，语言是思维的载体。我们用语言来解释、分析和解决问题。孩子的语言能力越好，越能记住大人的要求，越有利于他做自我指导。

动口往往也是比动手更加符合社会规则的方式。比如有的小朋友口头语言发展比较慢，当他想要跟其他小朋友玩的时候，不会说"可以跟你玩吗？"，往往会动手吸引对方的注意，比如拍一下。这个往往会让人误会他要打人。假如他的东西被别人拿走了，他不知道怎么动口要回来，或者找大人帮忙，那么也会动手去抢。

## 法宝 5：参与游戏

当孩子没有失控时，可以在日常生活中使用游戏来提高他们的自控力。

当孩子在玩游戏的时候，其实就是在锻炼他们的规则，而且游戏轻松好玩，孩子会更加愿意参与。

比如有个两岁半的小女孩拉着妈妈当动物，不让她洗澡。妈妈声情并茂地说："我是一个特别爱干净的大老猫，现在大老猫脏脏的，好想洗澡！现在没办法洗澡我很难过！"小女孩说："小羊是大老猫的好朋友！我们一起去洗澡吧！"

著名的意大利电影《美丽人生》也很好地展示了游戏对孩子自控力的影响。电影讲述了一对犹太父子被送进了纳粹集中营，父亲利用自己的想象力撒谎说他们正身处一个游戏当中，赢了就能得到一辆大坦克。最后尽管父亲自己牺牲了，但儿子的童心没有受到伤害。看到恐怖的情境，他用游戏来调节内心的恐惧。

## ◆ 0-6 岁孩子各阶段的自控力培养

以上五大法宝是提升孩子自控力的通用原则，但是孩子在不断地成长，每个年龄段的情况不一样。正如有个妈妈所说："孩子的问题总是很多，我要跟不上节奏了！"而在这些不断变化的背后，唯一不变的是，每个孩子都需要爱他同时给他规则的养育者。

接下来，我会对 0-6 岁孩子每个阶段的自控力发展进行分析。在每一个阶段，孩子的自控力都会出现里程碑式的表现。我将会结合家长们提出的问题，给予大家一些针对性的建议。

### 0-11 个月

在过于紧张的时候，孩子会通过咧嘴和吮吸来调节，他们需要大人的安慰。把痛苦的婴儿举到肩上，轻轻地摇晃，温柔地和他们说话，有助于他们缓解紧张的情绪。转移注意力也可以帮助孩子调节消极情绪，当出现负面刺激时，要把孩子抱走。

## 12-18 个月

自控力萌芽期，孩子的合作性初现。现在他们对父母的期待有所觉察，有时候可以遵守一些简单的要求。然而，一岁多的孩子自我意识出现，进入人生第一个叛逆期，追求独立，因此往往会对你说"不"。在超市大喊大叫，扔东西，什么事情都迫不及待。

你要降低预期，保持冷静。假如你足够温柔和耐心，那么孩子可能会更加配合些。孩子表现得好的时候，及时给予肯定；表现得不好，则将他带离现场，眼不见诱惑心不烦。

## 19-24 个月

在这个阶段，孩子的自控力已经有很大的提高了。抵抗诱惑的能力在这个阶段会有明显的提升，比如能够等大家坐好再拆礼物。

口头引导比以前更加有用，但你最好追加一个行动禁止，比如把手机放到孩子够不着的地方。

当孩子必须停止有趣的活动时，提前提醒。比如，带孩子到公园玩，但是天色渐晚，该回家吃饭了。你可以提前五分钟跟孩子说："我们还有五分钟就回家吃饭了，你想再玩一下那个秋千还是滑梯呀？"尽管孩子不懂五分钟是什么意思，但是他的控制自我会告诉他，要回去吃饭了，开始进入准备状态。

这个阶段，孩子会因物权问题而争抢。可能前一秒还和其他孩子玩得好好的，下一秒就因为一块积木、一片拼图而咬或踢对方，对方也开始尖叫不已。除非孩子能够很好地用语言跟对方交涉，否则他仍会用动手发火来解决问题。

他们脑子里的两个小人开始会打架，"控制自我"说要听妈妈的，不要咬人或打人，"冲动自我"说咬人或打人更加有效。通常冲动自我获胜。

这时候可以帮助他们建立正确的物权观念。假如想要玩对方的玩具或者是对方先拿到的公用玩具，那么就要经过对方的同意。当两个孩子因为玩具而争论时，你可以先把玩具拿过来，确定玩具是谁的，然后交给他，引导另外一个孩子问，能不能借他玩，或者是交换等方式。

# 25-30 个月

因为孩子的口头语言能力提高了，因此自控力可以更好地发挥作用。现在他可以让别人知道他的想法，说出自己的欲望而不必直接去做——至少不必马上。孩子也可以用语言来指导自己的行为。当孩子爬楼梯的时候，你可以听到他一遍又一遍地对自己说："小心，慢慢走。"你可以听听他的思考过程，看看有什么需要帮忙的。

在这个年龄段，孩子开始有自豪感。你肯定他的成熟行为会成为他潜在的动力——"哇，你自己把鞋子穿好了呢！"

现在你还有新的帮手来培养孩子的自控力——内疚感。现在他开始有道德感，有助于他控制自己的冲动。需要注意的是，不要对他的整个人做谴责（"只有坏孩子才打妈妈"）。就事论事，关注行为："我们在家里要轻声说话，不要大声喊叫。"并且跟他解释为什么这种行为不好："当你朝着我大声叫的时候，我的耳朵好疼呀。"

让孩子脑子里的两个小人斗争一番，让他的欲望和内心声音争执是他学习判断自己行为的好方法。

# 31–36 个月

从认知发展的角度来讲，这个年龄段的孩子开始发展出未来感和预期的能力。这意味着轮流等待和分享玩具真正被孩子所理解，因为他意识到轮到他他就可以玩，对方会把玩具还给他，甚至分享玩具给他玩。

但他的记忆能力有限，可能还是需要你时不时地提醒轮到他了。比如，有一个收银台玩具，孩子可以扮演收银员和顾客，进行付钱和找零的游戏。我曾观察过，对于两岁左右的孩子，他们往往会想占用整个收银台，不让其他小朋友玩；而对于三岁左右的孩子，他们则可以扮演不同的角色，并且轮流扮演收银员和顾客。当然，他们自控力有限，有时候还是需要你帮忙提醒轮到谁了。

这个阶段孩子的共情能力开始出现，他有能力站在别人的角度去思考。但知道和做到之间还有一段距离。但既然他已经能够考虑别人的感受，尝试控制自己的脾气了，离自控也就更近了一步！

# 3-6 岁

孩子的自控力在接下来的时间里仍然需要打磨。学龄前的孩子会逐渐意识到，最简单、最快速的解决方案并非最佳的方案。因此与其从一个不愿意分享的孩子那边猛地把橡皮泥抢过来，不如等待一下，等对方兴趣过去了再问，或者尊重对方，因为他比自己更喜欢这本书，那我就去玩别的。这种类型的自控力需要家长和老师的示范，榜样的作用是最明显的。

4-5 岁的儿童能够正确判断许多基本情绪的起因。比如，他高兴是因为荡秋千荡得很高。还能预测其他孩子表现出特定情绪后会有什么行为反应。比如高兴的孩子会更愿意分享玩具，生气的孩子可能打人。

家长关注的另一个问题是专注力。简单来说，就是孩子能不能比较好地控制自己的注意力，这也是自控力的一个重要的表现。一个重要的原因是，孩子的能力和任务难度的匹配。假如任务太简单了，孩子会觉得无聊，容易走神；假如任务太难了，孩子觉得很挫败，容易放弃！因此，家长需要观察孩子的反应，及时给他们一些帮助。

## ◆ 最后还要看气质！

有些家长反映，使用同样的教育方法，但孩子反应却不同。这还得看气质。这个气质不同于之前刷爆朋友圈的那个"主要看气质"！而是指婴幼儿期出现的在反应性和自我调节等方面的稳定的个体差异。它是形成成人性格的基础。研究者根据孩子的特点区分了以下几种类型的气质：

易照养儿童：在婴儿期能很快地形成日常生活习惯，通常比较乐观，容易适应新环境。也就是大家常说的天使宝宝。

难照养儿童：生活习惯不规律，接受新经验较慢，有消极和强烈的反应倾向。即恶魔型宝宝。

慢热儿童：不活跃，对环境刺激的反应温和、抑制。心态消极，对新经验适应慢。

另外还有一部分儿童无法归入以上任何一类，是它们的不同组合，称为混合型。

难照养儿童培养自控力最有挑战性，需要父母更加耐心、积极和敏感，帮助他们形成更具适应性的能力。

给他们更多的时间观察，帮助他们更好地描述感受、想法，对他们的期待降低些，然后再慢慢提高。给孩子更多的耐心！

比如说到一个新的地方，对于难照养型儿童，可能需要家庭提前告知，到目的地之后，先保持一段距离，让孩子观察，跟孩子介绍；

然后慢慢靠近，如果孩子反应平静，则继续；如果孩子反应较大，则退回一些，保持一段舒服的距离，再让他观察，给他安抚和鼓励；接着再靠近，给予他足够的时间适应。

家长也不要自责，因为你遇到的是困难模式。不是因为你的教养出问题，而是上帝交给你的任务本来就不容易。

这就像之前热播的电视剧《花千骨》，孩子像女主角花千骨一样，体内有强大的蛮荒之力，需要师父白子画用很大的功力来帮她封印，当然，还有爱！

生命中充满了各种各样的诱惑，希望我们的孩子在不断的学习中提高自控力，学会认清自己的目标，做理性的决定！

参考文献：

《伯克毕生发展心理学：从0岁到青少年》（第4版），【美】劳拉·E·伯克著，陈会昌等译。

*Toddler milestone: Self-control*, BabyCenter

*Tarullo, Obradovic, Gunnar (2009, 0–3) Self-Control and the Developing Brain.*

Stanford University

*Teaching self-control: Evidence-based tips.*

Parenting Science

专
家
解
惑

**Q** 怎样让宝宝用合理的方式表达负面情绪？

我的宝宝一岁半了，生气时会打自己的头，看着都替她疼啊，这种情况怎么处理呢？

**A** 调节消极情绪是自控力的一种表现。宝宝生气时打自己的头，可能是：

1. 没有合适的疏解方式，偶尔通过打头这种刺激发现能够转移焦虑，多次之后形成习惯；

2. 孩子的要求不被满足，或做的事情被阻止，偶尔发现打头家长就会心软，答应她的要求，那么就强化了这种行为。

针对第一种情况，可以帮助孩子使用合适的方式表达愤怒。对于一岁半的孩子，语言的引导往往不够，还需要行为的制止。抓住她的手让她不能再打自己，告诉她"打头妈妈会很心疼，不开心的话你可以抱抱我"。

注意说话时保持冷静，声音舒缓，这有助于孩子平复心情。她有可能因为不能打自己而哭，这时候可以抱着她，轻拍后背，让她发泄一下。假如她语言能力比较好，也可以鼓励她说出来："我很生气"。

说出情绪有助于平复孩子大脑里的冲动自我。

针对第二种情况，关键是让她知道这种方式不会让大人满足她的要求。比如一岁半的孩子很喜欢探索危险的东西，同样抓住她的手，告诉她不可以打自己，妈妈知道你对这个插座感兴趣，但它很危险，我们去玩其他东西吧。然后带她离开现场，去找其他东西玩。看不到诱惑，也有助于孩子恢复自控。

要改变孩子不恰当的行为方式，需要多坚持几次才能见效果。自控力像肌肉一样，需要锻炼。

**Q** 孩子生病时脾气很坏。

孩子两岁，女娃，生病后脾气就变得很坏，什么事情都是不要不要，而且要顺着她，不然就很着急生气，还要用哭威胁，该怎么处理？

**A** 孩子生病初愈后身体比较虚弱，生病可能也让她的作息时间、心理感受发生了一些变化，比如睡眠时间少，体验较多的负面情绪，自控力会比较低。

建议给孩子的要求设置得更有弹性些，对于那些不违反大原则的事情，期待低些，更宽容些；但对于那些完全不能接受的事情（比如危险），则不能退让，告诉孩子，这很危险，我需要保证你的安全，同时给一些替代选择。等孩子过了这个艰难时期，再重新调整要求。

**Q** 孩子用哭威胁大人。

我是三岁男孩的妈妈，我在育儿过程中遇到这样的问题：孩子每次不如意的时候就哭闹，家长不予理睬，而后他自己慢慢地恢复，之后我会告诉他哪里出现了问题。但是每次总是如此，是孩子没有意识到错误，还是习惯这样了呢？

**A** 孩子哭闹时，假如不能和你沟通了，安抚不下来，那么让他用哭释放一下情绪是不错的选择。你可以告诉他，你哭的话妈妈不知道你要什么，等你冷静下来，我们再聊。同时告诉他，我会在旁边陪着你（保持一段距离，但孩子又能够看得见你），直到你冷静下来。

没有任何解释地走开会让他觉得你冷落他了，内心更不好受。告知他并在旁边守着，让他感到支持。当他冷静下来的时候，跟他描述刚才的情况，倾听他的需求，说出你的要求，看怎么样做会更好。相反，当孩子没有得到更好的处理方式时，他会倾向于重复原来的仍然处在失控的状态。而且，反复重复他的错误也会让他感到很挫败。

三岁的孩子有一定的认知和语言表达能力，给予他一些自主性，让他和你一起寻找解决方案，会让他更认同规则，遵守规则。

**Q** 孩子受点儿挫折就爱生气。

我的孩子已经五岁了，遇到一点问题就大呼小叫，碰到一点挫折就放弃，还把东西扔了，怎么办？

**A** 在这个过程中，孩子首先出现的是沮丧情绪，调节不好则会引发愤怒。在帮助孩子控制这种负面情绪的过程当中，建议先把关注点放在沮丧上，表达你对他或她的关心；而非放在愤怒上，表达指责。帮他把感受说出来："是因为太难了，感到很沮丧吗？爸爸或妈妈遇到困难也会感到沮丧，这很正常。"然后问他问题出在哪里，怎么解决会比较好，需不需要帮忙。让他再重新尝试一下。等问题解决了，及时肯定他所付出的努力和进步，增强他的自信心。

孩子遇到挫折容易愤怒的一个原因可能是平时大人夸他"很棒""很聪明"，这样一种模糊整体的夸奖容易让他产生错觉：我很棒，那我在这里做得不好，是不应该的。建议平时夸孩子的时候，侧重具体的行为，侧重过程中的努力。

**Q** 最近孩子（两岁多）和表姐学会了说"我很生气"，我每次当她这么说的时候都会告诉她你并不是很生气，而是很委屈、很受伤、觉得很不公平等等，她现在也慢慢开始不再说"我很生气"了，而是用这些词语来代替，虽然经常代替得不对，但这是不是一种正确的引导方法？

**A** 和孩子一起谈论各种情绪对他们很有帮助。研究表明，谈论情绪有助于孩子更好地判断别人的情绪、用更恰当的方式回应别人。而当孩子能够说出自己的内心状态时，成人就能更好地了解他们的情绪，避免一些不必要的误会，让孩子感到委屈、受伤，甚至生气而产生失控的行为。

引导孩子学习情绪用词是一种很好的方式，当然，最好加上一个具体的描述，让她知道这个词汇代表的意义。另外，也可以增加其他的方式来帮助孩子理解情绪词汇，因为文字对他们来说比较抽象。比如情绪相关的声音、表情，阅读情绪绘本等。

爱贝睿研发了一款亲子情绪管理桌面游戏——《情绪星球》。家长和孩子可以在轻松有趣的氛围中，认识各种情绪的表情、肢体语言和情境线索，以及讨论合理表达情绪和调节消极情绪的方法。

Q 儿子现在一岁两个月，特别喜欢到厨房各种鼓捣，我家厨房有很多易碎的厨具都放在他能够到的地方（而且也确实没有其他能远离他的地方可以收拾了）。如果没有人在厨房，他进不去也就罢了，但很多时候是大人进厨房做饭，同时若把厨房门锁了，他必定在门外拍门大哭，其实我明白他这个阶段的小孩就是喜欢进厨房探索，但是厨房又确实"危机重重"，我有点纠结是应该尊重他的生长发育，鼓励他探索厨房，还是采取别的方法转移注意力阻止他进厨房？

小孩一岁半，对模仿大人做事、使用工具特别感兴趣，比如模仿大人用筷子吃饭、用壶倒水等，这些事情有些可以让宝宝尝试，有些太危险不能做，怎样呵护宝宝好奇的天性，又能保持大人的边界？怎样合理定义宝宝是否可以做一件事的边界？怎样拒绝宝宝，又不至于让他太伤心？因为不是所有的事都能满足。

儿子一岁半，需要制止他危险行为的语言该怎么说才有效用，例如老是摸插座和拿起开水瓶的盖子，还喜欢按拧各种电器，谢谢！

A 在探索和安全之间，自然是选择后者，孩子可探索的对象还是很多的。当然，假如他真的很感兴趣，在确保他安全的情况下，可以让他看看。比如非做饭时间，抱着他看看锅碗瓢盆，给他介绍一下，甚至摸一摸。然后告诉他这些东西容易碎，危险，抱他到其他地方玩。当孩子感受到家长是接纳他的感受的时候，会更愿意配合，听从家长的要求。

现在市面上有一些厨房玩具，如果他很感兴趣，也可以以这种替代的方式来满足他的好奇。

怎样合理定义宝宝是否可以做一件事的边界？心理学家吉诺特

提的行为区域（behavior zones）概念很值得参考。就像红绿灯一样，我们可以把孩子的行为分为三类：

红色区域，家长绝对不能接受的行为。比如，伤害自己，伤害别人，破坏财物等。

黄色区域，家长不接受但可以容忍的行为。一类是初学者的行为，比如刚上幼儿园不能遵守规则，但你预期他以后会提高；一类是艰难时刻，比如孩子生病而容易发脾气，但病好了之后会恢复。

绿色区域，家长希望并认可的行为。大家可以找个时间整理一下孩子的行为区域，那么对孩子的行为边界就会比较有谱了。

**Q** 大宝二宝相处，需要磨合。

家里哥哥大妹妹两岁，妹妹出生前，我做了很多工作，妹妹出生前几个月，哥哥也超级爱妹妹，可是从哥哥两岁九个月开始，哥哥开始推打妹妹，也特别叛逆，两岁十个月的时候一直照顾他的姥姥也有事离京，哥哥推打比他小的宝宝的情况越发严重，也出现了咬衣服、乱吃地下的东西、不好好吃饭、眨眼睛、随地尿尿、学妹妹爬的情况，我想一是因为孩子到了叛逆期，二是孩子心里缺爱，我自己这方面，对两个孩子都有愧疚之心，想改观，但常常也不能很好地处理自己的情绪，现在有心想修复跟孩子的关系，想问问老师该注意哪些方面？

**A** 要照顾两个孩子，真的是不容易。我想您也是意识到了这一点，所以做了很多准备。大宝除了需要在妹妹出生前做好心理建设外，妹妹出生后更需要时间磨合。

有心理学家说，二宝对大宝来说，就像是小三，因为 TA 的到来，会分掉爸妈的关注和爱。为了争取爸妈的关注，大宝往往会出现行为退化（如学妹妹爬）、攻击妹妹、叛逆等不为家人所接受的行为。因为他还无法学会调节二宝到来所产生的各种消极情绪。

因此，家长除了理解二宝到来时对大宝生活的影响以及大宝的心理变化，给予 TA 足够的关注和爱，同时引导大宝如何合适地与二宝互动，充分肯定 TA 的付出，培养其责任感。

您已经很用心了，希望您心态更放松些。另外，一个人带很累，有可能的话找人帮忙，减轻压力。大人太累的时候，也容易失去自控。

**Q** 我儿子（四岁多）有一天跟他弟弟一起玩，弟弟想要他手上的东西，他不给弟弟，他爷爷在旁边说哥哥不给你，我们就拿别的东西玩吧。弟弟说了一句：哥哥是坏人。我儿子听到了马上不动声色地要过去打弟弟，我看到了挡住他，可是怎么拉他都拉不回来，有一种不打到弟弟不罢休的架势。打不到弟弟就又开始发脾气了，大哭大闹。怎么解决啊？

**A** 哥哥听到"哥哥是坏人"时，就像你听到"你是坏爸爸"或"你是坏妈妈"时一样，令人难受。因为这种对个人整体的负面评价很伤自尊，容易让人感到愤怒，觉得不公平而出现攻击行为。对孩子来说这是一种大情绪（big feeling），因此比较难以控制。

大人需要确保孩子的安全，因此这种情况下拉住他是很有必要的。同时告诉他，打人不对，妈妈需要你冷静一下。因为这种情况下，他难以听进你的话。让他哭一哭，把大情绪释放出来。然后再跟他沟通刚才发生的事情，他会更容易配合些。

对情绪的自控力跟生理水平也很有关系。生气的时候心跳加速，呼吸变快，血压升高，通过深呼吸等方式可以把这些指标降下来，有助于孩子冷静。

平时可以通过"闻花吹蜡烛"小游戏来教孩子练习深呼吸：伸出食指放在鼻子前面，把它想象成一朵花，闻花，深吸一口气；然后再把它想象成一根蜡烛，慢慢地吐气，吹蜡烛。当愤怒的时候，就可以通过深呼吸来调节自我了。

**Q** 争抢玩具。

宝宝一岁，对其他宝宝有兴趣，但也会跟其他宝宝争抢玩具，如何引导？

**A** 在玩具所有权上，假如是其他宝宝的，或者是公共物品但是其他宝宝先拿到了，那么要玩的话需要经过对方的同意。因此，假如宝宝抢其他宝宝玩具的话，可以把玩具拿过来，告诉孩子，这是小朋友的玩具，要玩的话得先经过他的同意。爸爸或妈妈现在要把玩具还给他，我们跟他借，看他愿不愿意。然后示范。假如对方愿意，那示范给宝宝看说谢谢；假如对方不愿意，告诉宝宝对方也很喜欢，很想要玩，我们去看看还有其他什么好玩的吧。然后带宝宝离开。

这个阶段宝宝因为认知和语言能力都有限，大部分时候需要大人介入，帮他们控制自己的行为。

**Q** 关于孩子们的社交问题，一直是大家关注的焦点。最近跟几个妈妈网上聊天，大家讨论到孩子如果受到"欺负"，我们应该怎样处理更好。是礼让解决还是还击？还是以礼让为先，解决不成再还击？这些都好像没有讨论出个结果，借此机会非常想听听一嘉老师的看法。期待！

**A** 在孩子的成长过程当中，由于缺乏有效的沟通方式，会采用动手来解决问题。这个很正常，但是我更加鼓励他们用其他为社会所接受的方式来处理问题。您还可以搜看孙莉莉老师的文章《由"谁打你，你打谁"引出的絮絮叨叨》。

**Q** 宝宝两岁四个月，和弟弟妹妹玩的时候总是去推他们，事后单独沟通都答应不再推弟弟妹妹，但下次依然会，这种推倒的行为怎么解释，是阶段性行为吗？如何解决。

**A** 孩子是在和弟弟妹妹玩的时候推倒他们的，有可能是他把这种方式当成表达开心。两岁多的孩子开始出现内疚感，因此可以利用这种情绪来帮他控制自己的不良行为。由于孩子记忆能力有限，最好是在事情发生时及时制止，把他拉到旁边，指出推倒可能会伤害到弟弟妹妹，是不对的。假如是表达开心，给他示范合理表达开心的方式，比如拍拍手，比如说 yeah，若他配合的话及时练习一下，若比较抵触则等心情比较平静的时候练。

孩子自控力有限，我们最好不要期待一蹴而就。在前期多留意，当他和弟弟妹妹玩时大人最好在旁边看着，一旦有迹象及时制止，按照以上方式引导。当他有进步的时候，及时给予他肯定，强化他好的行为。等他自控力有所提升，再逐步变成口头提醒。最后放手让他自己控制自己的行为，和弟弟妹妹友好相处。

**Q** 男孩，不到三岁，一到人多的场合就兴奋得完全失控，哪怕是自己疯跑也不愿意停下来。怎么办才好，带到人少的地方让他冷静下来吗？

**A** 在这种情况下，您是担心孩子失控而出现一些不好的结果吧。比如撞到别人、物品或撞伤自己。当孩子太兴奋的时候，容易做出冲动的行为。您不妨带他到旁边冷静一下。抱着他，肯定他的感受：很开心，但同时你也担心他会撞到别人，因为这里人很多，撞到会很痛的。帮助他提高风险意识。说话时平静、舒缓，给他做能够控制自己情绪的榜样。

接着给他设置要求：人多的时候，我们要慢慢的。跟他一起慢一点、慢一点地活动。假如他做得好，及时给予肯定；假如他还是很兴奋，重新让他观察，给他示范。若发现很难，可转移注意力，带他到人比较少的地方玩也是个不错的选择。等他大脑发育得再成熟些，可能难度就没那么大了。当然，他可能也会有自己的解决办法，留给他一些自主性。

另外，在平时可以跟孩子玩一些培养自控力的游戏。这里我推荐一个，叫"红灯绿灯"，两岁半以上的小朋友非常喜欢。可以拿两块积木，一块红色，一块绿色，当作红绿灯。把积木放在背后，出示绿灯，则走或跑，出示红灯，则停住，不能动。然后随机交替着出示，锻炼孩子遵守规则，控制自己的身体动作。当孩子很熟悉的时候，可以提高难度，修改规则：绿灯停，红灯行。对孩子来说是更大的挑战。试试看。

# 第八章　科技产品是保姆还是魔鬼？

黄扬名　魏坤琳

在这满城尽是大小屏幕的时代，怎样才能帮助孩子从科技产品中受益，而不被它奴役？

二十几年前或更早之前，虽然我们已经开始用电脑，但是科技对我们生活的影响其实没有那么大。但现在，几乎做什么事情都和科技有关系，去餐厅吃饭可以在网上排位，要付款可以用手机支付，也可以随时把照片跟亲朋好友分享。

## ◆虚拟现实技术是我实验室研究的方向之一

**黄扬名**：我先分享下科技在我们家中所扮演的角色。我们自己小的时候计算机还没有那么多，除了电视之外，很多人家中都有电子游戏机，但我们家一直都没有自己买，直到小学六年级那年才有人送给我们。虽然我算是有自制能力的人，但我可以想象当时父母为什么不买电子游戏机，因为玩游戏很容易上瘾，他们担心我们会花太多时间在玩游戏上。现在当了爸妈，基本上我和太太对孩子使用科技产品，抱持审慎乐观的态度。

我自己觉得孩子在没有太好的自我管理能力前，父母绝对要审慎地安排孩子使用科技产品，最好是陪着他们一起使用。一方面可以知道孩子做了什么事情，另一方面是可以规范孩子的使用。我们家老大应该一岁多才开始接触到电视以外的产品，那个时候是让他用 Kindle Fire（金读之光平板电脑），因为有支触控笔，加上一个绘图的 APP（智能手机的第三方应用程序），让他玩玩画图。APP 用平板电脑画图很方便，因为不用担心弄脏，在画不好的时候，可以重画，画得好的时候，又可以储存下来，好处非常多。虽然一定会有一些人认为，这样孩子并不是接触到真正的绘画，但我认为以入门的观点来说，用平板电脑练习画图，其实相当不错。

**魏坤琳**：对，我家里的平板电脑上面的确有不少小孩用的 APP，比如英语的、数学的、空间能力的、棋牌类的。

**黄扬名**：随着科技的日新月异，现在用电脑画画更生动了，Disney（迪士尼）就推了一款新的 APP，这包含两个部分：其中一个部分，孩子可以在平板电脑上帮人物或是对象上色，按下一个魔法棒的按钮之后，这个平面的东西就会变成立体的，然后会出现在故事的场景中。如果是人物，还会看到人物活动的各个样貌。另外一个部分则是通过平板电脑的摄影机搭配纸本打印出来的画图纸，孩子可以帮人物着色，然后就会看到平板电脑中出现那个人物已经被着色的样子，而且是同步发生的！非常非常酷的 augment reality（增强现实）之应用。

　　跳出手机、平板电脑的框架，最受瞩目的大概就是穿戴装置、体感设备。十年前问世的 Wii（任天堂发行的家用电子游戏机）大概是很多人接触的第一代穿戴装置，因为能够感应肢体的动作，所以玩起来更有感觉。后来的 Kinect（微软对 XBox360 体感周边外设正式发布的名字）更进一步，透过摄影机侦测，所以人们连遥控器都不用拿了，自己的身体就是遥控器。这类的设备，因为立即有反馈，所以孩子也会非常感兴趣。甚至有些游乐场会有特殊规划的投影设备，让孩子可以用身体和投影的影像互动。Leap Motion（一种体感控制器）的设备也是如此，不过因为感应区域比较小，所以主要是以手部的动作为主。这类的体感设备只要妥善使用，都可以帮助孩子学习技能，特别是肢体活动上的学习。

　　**魏坤琳：**体感游戏对小孩的吸引力是绝对的。我自己其实也研究体感游戏，2013 年的时候还在国际期刊上发表了一篇论文，就是利用体感游戏帮助脑卒中的病人训练平衡能力。某些时候，我会用体感游戏作为一种体育锻炼给我女儿玩。你知道在北京有雾霾天，小孩可能成天都不能出门活动，这时候，我会让女儿和我一起用体感游戏跳舞、玩各种运动，比如滑雪、篮球等等。她自己最喜欢的还是跳舞。这里给大家一个小窍门，训练小孩跟着节奏来运动是一种非常好的锻炼手段，不仅仅是锻炼了身体，还锻炼了大脑的多种能力。

**黄扬名：**再来谈谈近年很火的虚拟现实，我也帮孩子买了一个可以体验虚拟现实的设备，这东西其实就是像望远镜一样，只是以前是用那个设备看投影片，但现在是用那个设备去看手机上的素材。因为使用手机，所以可以看到动态的影像，也可以透过装置玩游戏，对孩子其实是非常有吸引力的。不过有医师认为孩子不应该使用这类设备太久，一是因为眼睛距离荧幕太近，会伤害视力；另外，若长时间使用，可能会影响深度知觉的发展。所以，虚拟实境的设备虽然很有意思，但爸爸妈妈要注意不要让孩子长时间使用。

**魏坤琳：**虚拟现实技术也是我实验室研究的方向之一。我女儿其实从小就在我实验室玩了一下虚拟现实头盔的游戏，比如过山车、宇宙航行之类的。但是，我不建议小孩玩虚拟现实头盔，这可能对他们的眼睛和视力带来不好的影响。虚拟头盔里面形成的 3D 影像，是通过给两只眼睛投射不同的 2D 影像形成的。这种特殊的投射方式其实和两眼平时处理视觉影像的工作方式不匹配，我这里不说专业术语了，但是记住一点就好，虚拟现实头盔对眼睛晶体的调节和眼部肌肉的活动要求比较高，容易让眼睛疲劳，这点对小孩子尚未发育好的眼部来说，是不利的。所以，请不要让小孩子沉迷于虚拟现实设备。

## ◆科技双刃剑：刺激想象 VS 发展不全

**黄扬名：**其实在新科技侵略之前，另一项上个世纪的科技已经对于孩子造成了影响，就是"电视"！过去的研究显示，看电视会影响孩子的人格发展、智能，让人变得暴力等等。虽然电视不见得都是有坏处的，但比较耐人寻味的是，即便知道电视有这么多坏处，爸爸妈妈还是会让孩子看电视。因为电视充满太多刺激了，会吸引孩子的注意力，所以爸爸妈妈可以在孩子看电视的时候，稍微偷闲一下。智能手机、平板电脑也是如此，在世界各地，都可以看到爸妈忙着交际，孩子盯着小荧幕看的场景。它们似乎成了爸爸妈妈的万用药，如果孩子在吵的时候，开出这帖药，那就肯定有疗效，只是长短不一。

**魏坤琳：**对，美国儿科协会早就建议过，两岁之前不要给小孩看电视；即使两岁之后，小孩每天也不能看电视超过两个小时。2013 年的一项测量了两千多个小孩的研究表明，两岁半的小孩如果每天多看了一小时电视，他们在幼儿园的表现就会差很多，到了五岁的时候，他们在语言词汇、数学和运动技能上的差距很大。早年迪士尼其实有所谓的培养小孩能力的电视节目，后来也是在科学家研究的推动下，最终完全取消了，因为即使是所谓的培养小孩能力的电视节目，也是有害的。我女儿其实在三岁之前没有看过任何电视，现在她也不看电视，当然《最强大脑》节目除外，她被特批看看爸爸。

**黄扬名：**虽然我不认为电视或手机等一定是不好的产物，但我不是很认同爸爸妈妈拿这些东西去支开孩子的做法，在家中我们也尽量不用这样的方式来吸引孩子的注意力。我偶尔也会有"失踪"的时候，因为我们发现老二喜欢看挖土机，有一回他在吵闹，我就建议要不要用平板电脑看挖土机，他就说好，看了之后就不吵闹了。但后来，三不五时就会一直拿着平板电脑说要看挖挖，真的是让人很苦恼。平板电脑这类产品对孩子的吸引力，真的是非常强大的，所以爸爸妈妈真的要小心为之，特别当孩子还小，没办法真正沟通、做自我控制的时候。

**魏坤琳：**对，我只有在特殊环境下，比如在长途飞行的时候要独自带着宝宝，而她又比较烦躁的时候，才用平板电脑帮我渡过难关。

**黄扬名：**虽然研究显示看电视对孩子有坏处，但若可以慎选孩子所观看的节目，或许孩子还可能因此接触到平常不易接触的事物，增广见闻之余，也能够激发孩子的想象。相对地，玩一个益智问答的游戏或许会刺激孩子的智能发展，但若废寝忘食地玩，刺激智能的效果可能有限，但视力恶化的程度可是一点也不会少的。

**魏坤琳：**这个我完全赞同。小孩的视觉系统发育成熟比较晚。

**黄扬名：**是啊！孩子对亮度、颜色的处理虽然在1岁前就发育得差不多了，但专注、追踪物体、深度知觉等等的能力，在上小学前都还在发育，所以不适合过度使用科技产品。为了避免近视，我们会倾向于将平板电脑或手机上的画面投影在电视上，至少孩子可以距离屏幕远一点，对视力的伤害可以少一些。

另外，如果孩子过度沉浸在新的科技产品中，很有可能会有发展不全的问题。例如，都只有小部分的肌肉动作，缺乏实际上活动时会训练的大肌肉活动，以及肢体协调，等等。当然这部分的问题，可能在虚拟现实技术更进步的未来得到部分的缓解。但在虚拟现实的技术以及普及性尚未到位时，孩子多花一分钟在使用科技产品上，他就少一分钟去体验外面的世界，到底值不值得，就见仁见智了。我自己认为，孩子们现在能够与真实世界接触的机会已经少很多了，我们实在不要再剥夺他们的机会，只是因为自己懒惰，就让孩子窝在平板电脑前。

## ◆和真人交互 VS 和机器交互

**黄扬名：**因为科技的进步，每个人都有机会接触到，甚至实际体验任何知识范畴，这点我的感触是最深刻的，因为过去知识比较稀少，所以显得珍贵。但现在却因为触手可及，所以反而显得廉价。此时，爸爸妈妈更应该去帮孩子挑选适合的素材，也可以让孩子多元地去接触各类素材。例如，现在用很简单的设备，就可以让智能手机变成显微镜，有了这样的设备，就可以在家陪孩子做微小生物的观察。想到这些可能性，其实挺令人兴奋的！因为信息触手可及，所以爸爸妈妈也可以善用零碎的时间，让孩子看段影片学英文之类的，都是很不错的做法。

另外，科技也让我们可以更容易面对更多类型的挑战。这个特别要谈的是，通过科技，我们可以更轻松地面对身心上的障碍。例如不少装置或是 APP 会有辅助功能，让看不到的人也可以使用。另外，不少 APP 是特别针对自闭症的孩子开发的，让他们可以通过 APP 学习怎么和其他人互动。APP 这些电子化的训练在以前都是要花费很多经费才能实现的，现在因为科技的进步，可以用很廉价的方式就惠及民众。

虽然因为研究伦理的关系，探讨科技对孩子负面影响的研究不多，但探讨可能的正面影响的研究还是有的。例如有一个研究就比较了孩子使用一些学习写字的 APP，是否会促进他们认字、写字的能力，结果是蛮正面的。他们发现孩子越早接触这类的 APP，他们识字、听声音辨识字词的能力就越好。所以，在平板电脑上学习写字，对于孩子早期的识字能力是有帮助的。

**魏坤琳：**对，这个只是事后的、相关性的研究。我相信的确有时候有正面的效应，但是我们不能因此就去"鼓励"小孩多玩这些 APP。记住，过犹不及。

**黄扬名：**不过也有一些研究者认为科技无法取代一切，例如他们认为孩子要学习说话，必须要和人互动，而不是通过和平板电脑这样的装置互动。另外，他们也认为真正的玩很重要，就是要有身体动起来的那种玩，而不是感觉到荧幕中的人物在玩。

**魏坤琳：**我们一定要注意，和真人交互，而不是和机器交互，是非常重要的。有时候，APP 可以表现得很智能，小孩也可以与之交互，甚至和很远的其他玩家一起互动，但是这都不是面对面的交流。我们人脑的重要功能就是从实时和当面的人际交互中学习，这个学习包括学会怎么识别别人的情绪、意图，怎么恰当地与人交流而不产生冲突，如何在冲突中调节自己的情绪。这些都不是从机器或者人工智能交互中可以学习得来的。如果孩子不与人多交流，就会影响到社会交往能力的发展，这个危害就大了。

## ◆如何防止孩子过度着迷科技产品

**黄扬名：**在孩子小的时候比较常使用的就是看绘本的功能，在没有付费的情形下，其实就有很多的电子书可以看，还有有声书，都是非常棒的学习素材。

虽然说在孩子小的时候，我会用科技产品来让孩子听故事，但我们更常让孩子读实体的绘本，因为孩子蛮喜欢摸来摸去的，如果电子版的绘本没有特别的设置，无法满足他们这方面的需求。有些绘本会有不同的印刷质感，此外还有些绘本是有立体书的功能，一两岁的孩子对这样的东西，是非常感兴趣的。

　　除了画画和看故事之外，在哥哥比较大一点之后，我们偶尔也会让他用平板电脑玩游戏，刚开始他顶多玩玩拼图游戏，然后会看着我玩一个需要闯关的游戏。这个游戏不会过度强调声光效果，此外有些小惊喜，每次玩都会有一些额外的乐趣。后来，他也可以自己玩，有些比较难的关卡，他会请我帮忙，除此之外，他都可以自己处理。因为我们事先有约法三章，一天最多只能玩十五分钟，所以只要我们说时间到了，他就会快速把平板电脑放下。建议所有爸爸妈妈，在开始让孩子使用科技产品前，一定要有清楚明确的规则，并且要果断地执行，避免日后衍生的困扰！

　　**魏坤琳**：但是我会更严格限制女儿玩的时间，基本上她玩 5—10 分钟，我就会要求她休息。这点她是知道的。有的家长为了省事，直接把平板电脑给小孩，让他们到一边安静地去玩，这是家长偷懒的表现，绝对不提倡。在我家这是不可能的，即使是女儿自己玩游戏，我可能也会参与其中，比如她下国际象棋的时候，我和她一起做题。

　　**黄扬名**：孩子大了，最近我也开始思考是否要让他学编程，刚开始下载了几个网络上获好评的 APP，不过可能难度不适合，所以孩子学习起来不是特别有兴趣。另外，在行动装置上可以使用的编程 APP，几乎都没有中文化，这也是另外一个困扰。后来找到了一个 SmartMouse（针对我们日常使用习惯而开发的一款多功能智能鼠标应用）。这鼠标就前进、后转、向左、向右几个功能，不过因为反馈很实时直接，所以孩子会比较有感觉。这鼠标实在太容易操作，连我们家两岁的弟弟也会抢去玩，还好当时买了两只不同颜色的，不然可就麻烦了。另外，开发商也知道孩子没办法记下那么多东西，所以有小卡片辅助孩子记下怎么使鼠标移动。虽然这并没有用到编程所有的技术，不过是一个很好的开端。

另外，从老大和老二身上的比较，我深切地体悟到父母对科技产品的使用绝对会影响孩子对这类产品的态度。老大六年前出生，智能手机还没有那么普及，我们在家使用台式计算机的机会还比较多，因为小孩出生，回家就很少碰触计算机等科技产品。因为这样，老大其实对科技的着迷程度并不高，虽然也会要求看卡通、玩游戏，但我们都可以很轻松地跟老大约定俗成。老二目前两岁，这时家里已经人手一机，还有平板电脑可以使用，台式计算机则已经很多年没有碰了。因为弟弟看大家都划来划去，也会好奇，甚至连 MacBook（苹果笔记本电脑）的屏幕都拿去划，殊不知爸爸买的那个屏幕是没办法触控的。所以，在孩子还不能自我控制前，建议爸爸妈妈要身体力行，不要过度着迷于科技产品，如果要让孩子使用，也要尽量陪着他们使用。

## ◆ 结语

爸爸妈妈可能要从更高层次去思考科技所带来的影响，例如科技如何影响我们的思考能力。在这里就举两个例子，都跟搜寻系统有关系。因为搜寻系统太过方便，人们其实越来越不需要记忆，这看似没有什么问题，但若自己完全没有任何知识，搜寻的结果就是自己的知识系统，会非常恐怖。魏则西的悲剧，可以说就是过度依赖搜寻系统的后果。另外一个例子，因为每个人都可以搜寻，只要能够搜寻的时候，人们就会觉得自己是专家，而且对于自己的答案很有自信！

科技的进步，也让讯息的流动变得非常快，所以如何应对快速变动的环境，也是孩子们不可逃避的课题。父母如何培养孩子解决问题的能力，也是非常重要的课题，这不仅对孩子的生活有帮助，对孩子的学习也是有帮助的。另外，和科技的互动可能会减少孩子和"人"相处的时间，也可能会对他们的社交能力产生影响。这样的后遗症就是，当孩子需要社交、需要处理自己情绪的时候，可能会很挫折，甚至极端的话，可能会变成无感的一群人。

如果爸爸妈妈都觉得自己受到科技的影响，那对于大脑发育还未成熟的孩子，科技的影响会更大。孩子是否会变得不像人了，反而像不太灵光的机器人。这点是值得爸爸妈妈思考的。

最后用一个有意思的例子给大家做总结，我们家老大两岁多的时候，有一次我爸跟他说爷爷没有钱，没办法带你去买东西，结果这孩子居然说可以用"逼逼的"就好了（因为我们在用悠游卡［类似一卡通］消费时，会说用"逼逼的"）。会不会在过度依赖科技的未来，孩子会以为爷爷奶奶是活在平板电脑中的人物，哪天看到实体，反而会吓一跳呢！

其实，我们的小孩这一代肯定会和我们差别很大，因为他们就是在电子产品的包围中长大的，大大小小的屏幕，抽象的各种形象，智能化的可以交互的形象，跨越时空限制的交互方式，这些注定会让他们的大脑的抽象思维能力和思维方式与我们不一样。我个人倒是想强调，我们遗传下来的能力，我们的大脑习惯的，恰恰还是以前的比较具体的东西，包括和实物的交互，和人的面对面的交流。比如有研究表明看纸质书比看电子书让人理解得更好。我希望小孩们能在对真实世界的了解还非常有限的时候，不要沉溺于虚拟的、符号的、抽象的世界中。他们需要和真实连接在一起，和我们家长多进行面对面的交流。这就需要我们家长认识到这个重要性，管理好小孩的时间，特别是他们使用电子产品的时间。

参考文献：

*Early Childhood Television Viewing and Kindergarten Entry Readiness*，Linda S. Pagani, Caroline Fitzpatrick and Tracie A. Barnett

*Five days at outdoor education camp without screens improves preteen skills with nonverbal emotion cues*，Yalda T. Uhls , Minas Michikyan , Jordan Morris , Debra Garcia , Gary W. Small , Eleni Zgourou , Patricia M. Greenfield

参考文献

**Q** 现在是科技迅猛发展的时代，连我们成年人都无法脱离科技产品。当然要控制孩子使用科技产品：如果孩子一点不接触科技产品，那么他有可能与社会脱节；如果接触多了，又怕他伤害身体，或者成瘾，这个尺度真的是很难把握。连成年人的自制力都很难形成，那么小的小孩子怎么控制得住，带来的就是大人的无尽碎碎念。这个尺度应该怎么把握？

**A** 黄扬名：对于太小，而且不能自我控制的孩子其实应该尽量避免使用科技产品，少让他们看到这类产品，可能是比较可行的做法。那现在我就对家里老大的状况有一点头痛，因为他很爱看挖土机的影片。为了避免小屏幕对他造成伤害，我们已经投影到电视上了，但还是觉得不是很妥。所以就会把平板电脑藏起来，引导他做别的事情。

孩子如果已经比较大了，那就可以约法三章，不能让他养成依赖科技产品的习惯。可以跟孩子讨论一天可以玩多久，彼此都要遵守约定。千万不要让手机吸引孩子的注意力，这样他们很快就会养成依赖手机的习惯。

我觉得重点是爸爸妈妈要陪孩子去使用科技产品，注意选择适合孩子的素材，例如没有太强烈的视觉声光效果等等。现在平板电脑上有很多有用的工具，其实大家也不需要这么排斥。但是很多爸爸妈妈是拿这样的东西去吸引孩子的注意力，让自己可以做一些别的事情，这种做法就不可取了。

Ⓐ **魏坤琳：**我补充一点，有心理学研究表明，如果大人老是分心去看手机和平板电脑的话，小孩也会养成这样的注意力涣散的习惯。所以我在家陪小孩玩的时候，尽量把手机放开，全心全意陪他玩。这不仅仅有助于我给他一个集中注意力的示范作用，也让我能够更好地观察他的行为举止和语言，让我能够更加了解他的思维方式。

Ⓠ 如果自家宝宝没有接触太多的科技产品，其他宝宝接触得多，和这样的宝宝经常玩耍交流，自家宝宝有心理落差，该怎么看待及处理呢？

Ⓐ **黄扬名：**这个问题让我想起小时候的我，因为我们家里没有电子游戏机，很多同学家都有，我们只能偶尔去别人家玩。当然我比较听话，所以没有偷偷去别人家玩，毕竟年纪小，有的时候孩子会有点抱怨爸爸妈妈，怎么没有让我们家买一台。我弟弟也比较贪玩，所以他会想些方法，用一些花招去朋友、同学家玩，爸爸妈妈有时候也不一定知道。我觉得你越是禁止孩子，孩子越有可能会想去做这件事情，不如跟他们好好沟通，有限度地去使用。

另外，毕竟孩子不适合长时间使用科技产品，所以爸爸妈妈可以引导孩子和其他人玩些别的东西，例如桌游、讲故事、运动等等都是很不错的一些活动。

当然，另一个极端的做法就是不让孩子跟使用这类科技产品的孩子一起玩。这样的家长其实也有的，我自己就知道有一些爸爸妈妈是完全不让孩子看电视的。

还有一些更走火入魔，为了不让孩子有所谓的偶像崇拜的做法，他们连托马斯、米奇都不给孩子看。如果你自己觉得这些做法有点夸张，那你其实应该问问自己到底是因为什么原因，你不希望孩子接触科技产品。

Ⓐ 魏坤琳：对，我完全赞同。其实我跟女儿更多的互动就是玩桌游、看她弹钢琴、陪她下棋、陪她体育锻炼，一起玩电子科技类的时间比较少。而且我一直在灌输给她一个观点就是说，我们不和别人比吃穿、比玩具，因为我希望她知道她是一个独特的人，这是我自己的人生观，我现在也希望教会她同样的理念。所以她一直不会太在意别家的小孩是否玩了什么科技产品。

Ⓠ 如何将科技产品与开发孩子大脑结合起来？

Ⓐ 黄扬名：首先，使用科技产品对大脑也算是刺激的一种，有好的也有坏的效果。我们先从好的开始说。因为科技产品其实很多都涉及多感官的协调，这个部分能够训练孩子视觉统合的能力，所以对大脑中感觉处理相关的区域是有帮助的。因为涉及协调也会刺激孩子大脑额叶的发展，额叶可以算是大脑最重要的区域，负责支配资源等等。

不好的影响则包含，例如说如果是过于强烈的刺激可能会造成一些神经元的损伤。还有，有些科技产品的使用看起来是轻松的，其实对大脑反而是负担比较沉重的，容易造成大脑疲劳的效果。

再说，在很多情境下，孩子是在被动的情况下使用这些东西，例如看视频，不是采取主动的心理运作，这个对于神经元之间新的连接的产生是有坏处的。

Ⓐ 魏坤琳：我觉得科技产品没有什么神秘的，它的本质都是传递给小孩信息的媒介，是玩和学习的工具。它提供了新的可能，比如虚拟现实或者增强现实中的 3D 的画面。这是平面的绘本不能够呈现的。的确，爱贝睿也会在这方面发力，因为我们知道 3D 的东西对空间感和空间能力的培养有帮助，而空间能力对数理能力又有帮助。所以我们会利用科技产品这种新媒介，但是我们要警惕它的危害，它的生动性和互动性带来的副作用就是容易上瘾和对视力的影响等等。

Ⓠ 适合小孩的科技产品该有哪些性能？面对科技产品，家长要扮演的角色是什么？怎么把科技产品真正转化成孩子学习的利器，而不是游戏和娱乐的利器？

Ⓐ 黄扬名：我觉得适合小孩的科技产品应该容易操作，不要有太强烈的声光效果。还有耐用，耐用是非常重要的。现在爱贝睿要推出一款七寸的平板电脑，他们有所谓儿童的版本，儿童的版本就有延长的保护区，另外也包含了一个保护套，避免小朋友随便乱用，轻易地摔坏。

面对科技产品，我觉得家长需要扮演的角色有两个——守门员和推销员。为什么说是守门员呢？其实守门员就是要严格地把关，不管是在时间控制上还是孩子在上面可以用什么、做什么，其实都是需要守门员去把关了解的。推销员的部分就是要把你觉得好的东西推销给孩子，让他们愿意埋单，让他们觉得这个是对他有帮助的东西。例如说我希望孩子用平板电脑学编程，他虽然没有特别喜欢，可是你会察觉他手痒、想玩平板电脑的时候，他就会来跟我说："爸爸，我想要练习编程。"所以我这个推销员的角色没有太失败。

Ⓐ 魏坤琳：这个比喻太好了。我们家长就是守门员，守门员还需要了解到底平板电脑上有些什么，什么东西是不能装的，看多长时间的小屏幕就要休息。别忘了，小孩是没有多少自制力的，你帮他守门也是培养他自制力的机会。有关怎么把科技产品转换成学习的利器也是同样的答案，这个是家长可以控制的。什么 APP 可以安装，什么不可以安装，我们要知道。我女儿的平板电脑上就有很多和教育有关的 APP，纯游戏的倒是非常少。

Ⓠ 如果小孩已经成瘾了该怎么办？

Ⓐ 黄扬名：这个时候建议采取比较极端的做法，就是不要让孩子看到这些东西了。家人当然也要避免在他们面前使用这些产品。另外，孩子应该还会有别的兴趣，所以多引导他们做别的事情，让他不要使用科技产品。之后再慢慢地在孩子愿意配合的情形下逐步让他有限度地使用。

另外还是要提醒一点，我不是很赞成把科技产品的使用或者是不能使用当作奖赏或惩罚，这样其实都会强化孩子对这些产品的依赖。

**Q** 除了看视频、玩游戏之外，我们该怎么让孩子使用科技产品？

**A** 黄扬名：对于年纪比较小的孩子，孩子能使用的东西真的是比较有限的。如果孩子大一点，可以让孩子学习怎么用科技产品来协调他们的日常生活，例如可以引导他们使用行事历，或者是把相片加工处理，或者制作成电子相簿。另外也可以依据孩子的兴趣帮他找一些相关的网络资源，让科技产品带来较多的益处。

**A** 魏坤琳：我觉得视频和游戏之外，科技产品能做的比较有限。我女儿还有一些动手做的玩具，比如说搭建电路的一些小玩具，这应该算一个。但是我觉得游戏已经涵盖了很大的范围了。下象棋是游戏，弹电子琴是游戏，玩填字游戏是，和卡通人物学读英语也是。这些能力的培养都是用的游戏。你别忘了，爱贝睿的宗旨，也是我自己的理念，就是在玩中间学习。

第四部分

聪明玩耍

游戏是孩子与世界交流的一种重要方式。
我们如何通过游戏与孩子建立更好的亲子联结？

# 第九章　通过游戏进入孩子的世界

吴　倩

吴倩：北京师范大学心理学硕士，曾在日本早稻田大学进修。中国社会工作联合会心理健康工作委员会游戏治疗学部委员。中国心理卫生协会会员，美国游戏治疗学会会员，日本箱庭疗法学会会员。首批国家二级心理咨询师。北京和睦家医院心理咨询师。有《心的处方笺》《断舍离》《最棒的男孩》《为什么我们爱得这么累》等近十本译作。

让孩子当他的世界的主宰，你跟随孩子的引领，以开放的态度接纳孩子的世界，就能走进孩子的心。

## ◆ 电子游戏不是游戏

我是一个游戏心理治疗／心理辅导师，也就是说，我使用游戏、艺术媒介、箱庭疗法来进行心理咨询和心理辅导。我服务的对象有小朋友，也有成年人，我也做亲子互动的指导。

怎么能够高质量地陪伴孩子游戏，真正进入孩子的世界呢？我给大家举一些事例，这些事例都不涉及隐私问题，没有我心理咨询中的个案。同时出于对当事人的保护和尊重，我也会隐去他们的背景信息。

首先，我要澄清一件事。那就是，我们这里谈到的孩子的"游戏"，是"play"而不是"game"。每一次讲到孩子的游戏时，我都要强调，"电子游戏不是游戏"。通常家长们都会很吃惊。因为我们常常认为"游戏"就是指"game"。

"Game"更倾向于有设计、有规则、有竞争的游戏，"game"在英语里本身就有比赛、竞赛的意思，比如 Olympic Games（奥运会）就把它的这种意味表达得更明显啦。"Game"是有规则的，同时有输赢，有好坏，有评价。而"游戏心理辅导"中所说的"play"，其实强调的是"玩"，是嬉戏，是那种玩乐的精神。

所以当我们强调孩子的"游戏"时，很多时候是指那些看上去似乎漫无目的、可能只是为了"有趣、开心"而进行的自愿的活动。有时候，在心理辅导中，也会包含设计好的"规则游戏"，但这些"规则游戏"，只是我们玩的一部分，不是全部。

大家可能会说：孩子不是成天都在玩吗？我干吗还要关注他的游

戏啊。叫他自己随便玩玩好了，还要让我陪，好麻烦哦。要不还是别疯玩了，有时间让他学点什么吧，人家老家的小×，两岁多都认识好几百个字了！

对啊，咱们为什么要关注孩子的游戏、陪孩子一起游戏啊？游戏对孩子重要吗？

## 给洋娃娃把尿的小女孩：游戏是孩子的语言

请看一个生活中的例子：

有一位两岁多的小女孩，她收到了一个洋娃娃，是绒布做的，很新很结实。这个小女孩很喜欢用这个洋娃娃玩一个游戏——

她会粗鲁地把这个洋娃娃拽过来，说："娃娃，过来把尿啦！"然后劈开洋娃娃的腿，假装给她把尿。她经常玩这个游戏，过了半个月左右，洋娃娃两腿中间的部分就被完全扯裂了。

从这样一个游戏片段中，我们至少可以读到这些信息：

一，这是一个重复出现的游戏。咱们不能动不动就上纲上线，生搬硬套地，非要给孩子的每个游戏找出背后的东西来。可是请记住，一个不断重复的游戏，对孩子一定是有意义的。

二，小朋友和娃娃玩把尿的游戏。这个具体的游戏细节从何而来？一定是从她的生活经验中模仿而来的。所以，我们知道，估计这个小女孩自己常常被人把尿。

三，她对娃娃很粗鲁，拽过来不由分说就把尿。这样的行为应该也是和她自己的生活经验有关的。所以，我们知道，小女孩自己被把尿这件事，完全是被迫、没得商量的，她对此很不情愿。

四，很新很结实的娃娃在很短的时间内，因为这样的游戏，坏掉了。那她一定是很用力喽。她为什么那么用力？就是不爱惜玩具吗？不是的，心理咨询师会认为，她这么用力，是在表达，也是在宣泄自己的情绪。因为，被把尿这件事，让她感觉到很痛，很难受。

也就是说，小女孩用游戏的方式，在向父母拼命诉说："我讨厌被把尿！那让我很疼！"

如果我们不注意观察孩子游戏中的细节，只是扔下孩子让她自己玩，那么，我们只会看到游戏的结果——娃娃被破坏了，而不会知道其中发生了什么。于是我们就会生气啊，觉得这个孩子怎么这么皮，好好的玩具毁成这样。甚至觉得孩子是不是变坏了，故意破坏东西。

孩子常常很难用语言来表达他们的内心世界，特别是内心的冲突，以及自己的情绪，这是因为：

他们的语言发展水平不够好；

孩子有时可能不敢和父母说发生了什么、你们做了什么让我难过。

即便是语言水平够好的成年人，有时也很难清晰地用语言表达自己的情绪；而游戏，就是孩子的语言，是孩子认识世界的方式，也是孩子对自己的内在问题和冲突进行解决的最好媒介。

小朋友们可以在一个足够安全的环境中，在游戏里，展现自己的伤心、自己的不满、自己的攻击、自己内心的矛盾、自己的愿望、自己原谅他人的能力、自己成长的能力……

所以，如果父母忽视孩子的游戏，完全不陪伴孩子玩，不在游戏中和孩子沟通，就会错失孩子"实言以告"的内容。

是的，陪伴孩子游戏的意义可不止于此。咱们再来看一个最近发生的例子。

## 玩画画接龙的小男孩：游戏让孩子有展现想象力的机会

有一位小学一年级的男生，他爸爸认为他完全没有创造力，根本不会画画。事实上，这个小男生的美术课也确实总是不及格。

放假了，孩子到一位从事艺术相关工作的女士家玩。这位女士恰好在不久之前从我的游戏治疗课上学到一种玩法，和孩子玩画画接龙，是用随意画线的方法来画，所以比较小的孩子也可以玩这个游戏。和孩子一起接龙画了七八张不相关的画之后，要把所有的画编成一个故事。

这个游戏看似简单，可是要接龙别人的画，其实还是需要一定的想象力的，要把不相关的画编进一个故事里，更需要很强的想象力和创造力。

先随便画线，然后另一个人在这样随意画的线上填充成图。

总之，这位女士也和那个小男生一起玩这个游戏了。令她吃惊的是，她发现自己的涂鸦，小男孩一下子就填充成一只小鸭子，并且画得特别活灵活现。这是来自艺术工作者的评价。

接下来的几轮游戏都让她发现，小男生其实特别有想象力，而且画得特别生动，他编的故事也特别有创造性。

她告诉我，这件事，让她从这个孩子身上学到了很多。

其实这个孩子根本不缺乏想象力，只是没有给他机会展现。由于教育方法不当、提供的环境不恰当，导致那个孩子原本丰富的想象力和创造力都被遏制了。父母也因此产生偏见，觉得自己的孩子"就是不行"，所以父母可能会想要强化训练孩子，或者干脆放弃。孩子的自信、自尊也会因此遭到破坏。

可是，在一个舒适的游戏的场景下，孩子的潜能就发挥出来了。

这也是游戏的一个重要功能。别看涂鸦这个游戏看起来好像那么幼稚，其实，不仅是孩子的潜能可以得到发挥，也有艺术家向我反馈说，做了这个游戏之后，自己的艺术创作也产生了新的灵感哦。

## 收拾玩具也可以变成游戏：游戏促进良好的亲子关系

通过游戏，孩子还可以和家长更好地联结在一起，促进良好的亲子关系。

比方说，你有没有因为要孩子收拾玩具而和孩子发生过对抗？我相信父母没有一开始就想对孩子发火的，可是孩子说三遍不听、四遍不听、一天到晚总是出现同样的情况，渐渐地就把爸爸妈妈的耐心给磨没了。

可是，和孩子对抗，责骂孩子，是一种要付出代价的办法。这个代价就是破坏亲子关系，如果总是采取类似的互动模式的话，孩子和父母之间的依恋关系，也会是不安全的依恋关系。而对依恋关系的研究发现，早期的依恋关系会成为人的一种内在工作模式（相当于成为人格的一部分），影响一个人成年后的人际交往。所以，这种办法所要付出的代价是非常巨大的，很可能是得不偿失的。

但是我们可以让收拾玩具不再是枯燥的任务，更不是一种惩罚，而是游戏的一部分哦。比如：

你有时候可以说："听说你很会收拾玩具哦？是不是真的？你有没有那么厉害啊？那我给你唱一首歌吧，我觉得在我唱完之前，你肯定收不完这么多玩具的。"

当然，当他做到了，你也要特别夸张地鼓励他。

或者如果玩具特别多，你需要帮他一起收拾，或者你就是想和孩子一起做这件事，那就可以试试看让他和你"比赛"啊。咱们做家长的要首先做个有趣的人，所以你得特别会演哦，你可以说"啊呀呀，我怎么不记得这个玩具应该放到哪里啦；哎呀，我要被你超过啦；哇，这个我怎么拿不起来哎"之类的。

还有，小朋友如果是特别喜欢模仿妈妈去超市买东西的年纪，你也可以发给他一个篮子（塑料袋也行啊），让他去购物，把那些玩具都"买"到篮子里。

总而言之，就是别让孩子觉得，这是一个无聊的任务。

从以上的例子，我们至少可以发现三个陪伴孩子游戏的理由：

1. 了解孩子，"听"到孩子在"述说"什么。

2. 让孩子的潜能自然地得到发挥。

3. 减少亲子间的对抗，提高亲子互动的质量，改善亲子关系。

# ◆怎样高质量地陪孩子游戏？

那么，咱们进入下一个部分。要怎样陪着孩子玩，才能够收获这些好处呢？

## 放下"教育目的"

孩子会在游戏中很自然地完成学习。但是如果太有目的性地想要教育、训练孩子，就会破坏这种自然而然的过程，让游戏也失去乐趣，适得其反。

其实不妨试试看："妈妈要给小熊宝宝穿衣服了哦，你不要偷偷学哦。"结果孩子八成就学会了。不让孩子学习，其实也很难哦。

嗯，我们在幼儿教育中，也常常发现，"不教而教"的效果是最好的。比如我们想带给孩子一些新的玩法或者启发，我们也会在旁边玩自己的。但是因为成人的玩法会比孩子复杂一些，所以你不用说什么，孩子看到就会主动想要模仿。但是如果真的变成一节课，专门教孩子怎么按照你的想法来做，那这节课老师一般很累且效果不好……

## 让孩子当他的世界的主宰

让孩子在游戏中得到控制感，得到力量。在日常生活中，孩子往往被大人们安排了一切，在游戏中让孩子做主，才能让孩子获得控制感、自我控制的能力。有时家长对孩子的安排，并没有事先让孩子完全明白，所以孩子不清楚接下来要去做什么、要发生什么，就会有无力感，通过游戏，让孩子重获力量感，他们才能学习为自己选择的行为负责。

为了给孩子力量感，你可以适当地装傻、演戏。

"哇，这是什么啊？"

"这个原来是这么玩的！我都不知道啊！你懂得好多啊！"

"哇！！！这个纸飞机能飞这么远！！！"

## 跟随孩子的引领

用孩子的方式玩，用孩子的节奏玩。咱们做家长的，要进入孩子的世界，而不是让孩子进入你的世界。也就是说，我们要去孩子的世界里做客。

好比说孩子是我们搞不懂的外星人吧，所以，我们到外星人的星球上去做客，会是什么样的呢？我们到外星球观光，外星球嘛，肯定跟我们地球不一样，所以应该首先承认我们什么都不懂。

而且，外星球哎！肯定很奇妙吧！肯定特别有意思吧！——我们应该怀着这种强烈的好奇心，真心地想要知道这个和我们不在一个频道上的小家伙在做什么。

咱们再来看一个场景：

爸爸和不到一岁的宝宝玩积木。小宝宝拿起一块积木，慢慢地、颠过来倒过去地看，敲一敲，试图塞到嘴里。爸爸一把抓过小宝宝手里的积木，说："宝贝儿，看爸爸教你，这个是这样玩的。"说着把积木垒起来。

过了一会儿，爸爸垒起好高的积木，小宝宝看看爸爸，看看积木，笑了，探身过去把垒好的积木推倒。爸爸赶紧抓住小宝宝的手："啊，你不要搞破坏！"

大家有没有不经意间做了这样的爸爸？

在这个爸爸的心里，有积木的"正确"玩法，可是这种"正确"玩法是咱们大人根据自己的喜好规定的，爸爸没有关注自己面前这个活生生的小宝宝的发展水平到了哪里、他的兴趣点在哪里。此时小宝宝觉得积木最好玩的玩法，是敲一敲、吃一吃、推推看。

所以，要是不按照孩子的方式和节奏玩，会破坏小朋友的探索（学习）的欲望，会破坏他们的想象力、创造力。

那么问题来了，要怎么跟随孩子的引领呀？

如果你的孩子太小，或者因为其他原因，不会自己玩，那你可以给他介绍一下身边的玩具，这个过程要慢一点，观察他对什么感兴趣。他如果仔细地观察并摸某个玩具，你不要急着介绍其他的玩具，也别急着催他开始"玩"它，要知道，他是用自己的节奏和方式在探索它、在玩呢。

对于两岁以上的孩子，通常你就先坐在他身边，关注着他。你可以等着他邀请你加入，也可以试着问问他，能不能和他一起玩。总之，让孩子引导着你，给你做他的世界的导游。

如果你手足无措不知道做什么好，该怎么办？

可以先模仿孩子的行为，比方说，他笑你也笑，他说"噗噗"你也说"噗噗"，他用奇怪的方式喝水，你也用奇怪的方式喝水。

## 放下预设：以开放的态度接纳孩子的世界

搞不懂孩子的世界？太正常啦，因为他们是外星人嘛。但是咱们不能不懂装懂哦。

您有没有看过《小王子》？对小王子刚刚找到"我"，要"我"给他画画的那一段，是否还有印象？我们一起再来重温一次。请大家感受一下"我"的心情。

当我还只有六岁的时候，在一本描写原始森林的名叫《真实的故事》的书中，看到了一幅精彩的插画，画的是一条蟒蛇正在吞食一只大野兽。页头上就是那幅画的摹本。这本书中写道："这些蟒蛇把它们的猎获物不加咀嚼地囫囵吞下，而后就不能再动弹了；它们就在长长的六个月的睡眠中消化这些食物。"

当时，我对丛林中的奇遇想得很多，于是，我也用彩色铅笔画出了我的第一幅图画。我的第一号作品是这样的：

我把我的这幅杰作拿给大人看，我问他们我的画是不是叫他们害怕。

他们回答我说："一顶帽子有什么可怕的？"

我画的不是帽子，是一条巨蟒在消化着一头大象。于是我又把巨蟒肚子里的情况画了出来，以便让大人们能够看懂。这些大人总是需要解释。我的第二号作品是这样的：

大人们劝我把这些画着开着肚皮的，或闭上肚皮的蟒蛇的图画放在一边，还是把兴趣放在地理、历史、算术、语法上。就这样，在六岁的那年，我就放弃了当画家这一美好的职业。我的第一号、第二号作品的不成功，使我泄了气。这些大人们，靠他们自己什么也弄不懂，还得老是不断地给他们做解释。这真叫孩子们腻味。

《小王子》里的大人们不理解孩子的世界，也根本不想去理解。他们对孩子的世界的看法是狭隘的、偏激的。

主观地去臆测孩子的作品，告诉孩子什么是"正确"的，这会让孩子觉得索然无味，让孩子觉得没有被父母理解，还可能会破坏孩子的想象力、创造力，破坏孩子积极探索（学习）的欲望。

所以要放下我们一切的预设。


## 选择玩具，也要尊重孩子的喜好

有些家长认为，有的玩具是"对的"玩具；或者认为，玩具有"正确的"玩法。

这些其实也是我们太想当然了，没有牢记孩子是他游戏世界的主宰。

请看看下面描述的场景：

妈妈带着小男孩逛商场，准备一会儿和朋友家的小宝宝见面。商场里在派发气球，小男孩要来了两个。妈妈心想："真是的！这廉价的破气球！都七岁了还喜欢这种破烂儿！"

见到了小宝宝，男孩送了一只气球给小宝宝。妈妈觉得："太好了！破烂少了一个！"

接下来在汽车上，小宝宝把自己的气球打到后备厢里去了，于是又去够小男孩的气球。妈妈立刻把气球递给小宝宝，说："这个也给他了！"男孩赶紧说："这个不能也送给他啊。"妈妈说："你怎么这么自私！！"男孩很委屈："已经送了一个气球给他了，不能两个都送。"妈妈很不以为然，教育了儿子一番。

到达目的地后，大人们忙着拿东西下车。走出几步去，小男孩问小宝宝的气球在哪儿，大家才想起来把它忘在后备厢了。小宝宝的妈妈说："咱们快回去把气球拿出来吧，不然天气这么热，气球会爆掉的。"男孩的妈妈说："不用不用，一个破气球不值钱，爆就爆了。"

怎么样，这也是我们在生活中很可能会做的事情吧？

一个商场派发的气球，从咱们成年人的角度来看，确实不值钱，而且或许还是个负担，违背"断舍离"原则。但是在这个故事中，对小朋友来说，气球是个很重要的玩具。

　　小男孩在要气球的时候能够想到一会儿要分给小宝宝一个，看到小宝宝后主动送出气球，这些行为本应该得到鼓励和欣赏，但是却没得到妈妈的积极反馈。

　　随后妈妈也没有尊重另一个气球是属于男孩的，随随便便就把属于孩子的东西送人了。

　　最后，妈妈完全没发现，此时此刻对于男孩来说，气球是多么重要。当然重要啦，为了它，他还挨了妈妈一顿骂呢。妈妈按照自己的喜好来决定气球的去留，而不是根据孩子的兴趣和需要。

　　我们有没有常常听到有人抱怨：这孩子，几百块钱买回来的玩具不玩，一个空饮料瓶玩半天！其实，孩子可能也觉得：妈妈这个外星人好奇怪啊，明明塑料瓶那么好玩，她干吗不喜欢？

　　不管是很贵的玩具，还是喝完水的塑料瓶，孩子去玩它，都是在探索它，在探索世界。而孩子对世界的探索，就是学习。不仅孩子的感知觉通过这种看似简单的探索得到学习，而且孩子们还会通过这样的过程，对这个世界的运转做出推理。

　　比如，通过不停地扔掉手里的东西，孩子们虽然不知道万有引力的概念，但是却能推理出这种规律，逐渐了解，自己只要一撒手，这个东西就会掉到地上。通过去推动一个躺倒的瓶子和推动一本书，孩子逐渐推理出什么样的物体是能滚动的。

　　这些外星科学家们，需要不断重复这种咱们看起来很无聊的实验，才能得出科学结论。

# 多引入开放性的游戏素材

很多小朋友对日常生活中的东西，比如说锅碗瓢盆啦，扫帚簸箕啦，衣架啦，比制作精良的玩具感兴趣得多。因为大人们每天都在玩那些嘛，他们也想玩玩看。所以完全可以在保证安全和卫生的前提下给他们玩那些啊。

就我个人而言，我其实并不喜欢会发声发光的玩具、制作精良的玩具。至少我不会让那样的玩具进入游戏心理辅导室。因为越是制作精良的玩具，可能性就越小，越会束缚孩子的想象力。

比方说，一个好贵的学习桌，基本上只能是一个会发出固定声音的桌子或椅子。可是一个废纸箱，它可以是桌子，可以成为屋子，可以是大卡车，也可以成为隧道，等等。

如果家长对"脏乱差"的接受程度比较高，很多日常物品都是很好玩的游戏素材。比如在夏天，玩水、玩冰、玩沙子都是很好的选择。

如果家长实在无法接受脏乱怎么办？

那就在自己能接受的范围内，尽可能给孩子提供更多的素材，就可以了。首先不要给自己太大压力，不要对自己要求太高。因为觉得脏而温和地打断孩子的探索，虽然孩子少玩了一种素材，但也不是什么天大的事，孩子的成长不会因为偶然的一些行为就遭到很大的破坏的。

此外，艺术媒介也是特别好的帮助孩子发挥想象力的游戏素材。

小朋友可以脱光光，用手指蘸颜料画画。也可以选择能水洗的蜡笔，这样画到家具上、墙面上也不怕啦。

没错啦，注意我们前面说的，对游戏素材的选择，尊重孩子的喜好，不要强求。

另外，因为小朋友能够保持注意力的时间有限，所以对玩具三分钟热度是很正常的一件事，不需要对此有挫败感哦。

## 根据孩子的信号调整自己的行为

安排好你的工作和杂务，选择自己身心舒适的时候和孩子在一起。一开始的时候，你不用给自己太多压力，哪怕每周只有三十分钟，能做到高质量地陪伴孩子游戏，对孩子和亲子关系也都有很大益处。

给你的手机、平板电脑找一个舒服的家，让它们也彻底地休息一下。

和孩子一起坐在地板上。当然，请不要纠结"地板"，我的意思是说，和你的孩子保持在一个水平面上，不要让他必须仰起头才能看到你。

你可以用语言描述出孩子的行为。"这个是小鸭子，哦，你要吃一下，尝尝它的味道，哦，拍拍它的头"，通过这样的方式，你在向孩子表达：我一直和你在一起，我看到你在做什么了。（当然你得根据孩子的反应调整，大一点的孩子你如果不停地说说说，他可能觉得你很烦，要注意艺术。）而且，这可以帮助孩子语言的发展，这一点是孩子之间的游戏得不到的益处。

始终关注孩子发出的信号（开心了，烦躁了，害怕了，等等），根据孩子的信号，及时调整自己的行为。

另外我们要根据孩子的反应、孩子的不同发展阶段，来具体地看待每一个游戏。同一个游戏，和九个月的娃娃玩可能是合适的，和四岁的娃娃玩可能就不合适。

## ◆ 结语

总而言之，陪孩子一起玩先不用顾虑太多，告诉自己：

我马上就要进入一个奇妙的外星球了，我对这个星球的一切充满好奇，一定很有趣，我好兴奋啊。

我是去外星球做客，而不是侵略，所以我会好好地做一个客人，绝不破坏环境，刻下"到此一游"。

这边是外星人的世界，我真的什么都不懂哎，要好好跟他学一下！

接下来，就享受和孩子一起玩的时光吧。

**Q** 闺女现在十个月，除了亲子共读的时候有共鸣外，我觉得陪玩
是一件特沮丧的事，至少现在还没体会到什么乐趣。摸不到孩子的
套路啊。给她买的玩具每次只有三秒钟热度，然后就喜欢翻垃圾桶啊，
鞋子啊，包装袋啊，塑料瓶啊……各种往嘴里塞。所以我的问题是，
我根本不懂孩子的逻辑，我怎么才能跟她玩到一块？怎么样玩才算
玩得好呢？宝宝开心就算好吗？（奶奶天天嘟嘟嘟地逗或是拿手机
给她看照片逗，我看她也挺开心。）还是说通过游戏能让孩子更多
地感知这个世界、获得更多讯息的游戏才是好的呢？

**A** 这位妈妈，摸不到孩子的套路很惆怅吧，其实各位妈妈爸爸们
可以和这位妈妈分享一下，咱们是不是也都有过摸不到孩子套路的时
候？因为本来大人和孩子的套路就不一样嘛，所以他们不会按照咱们
的所谓常理出牌。你闺女可能也觉得：妈妈这个外星人好奇怪啊，都
不按我的套路来。明明垃圾桶、鞋子、包装袋、塑料瓶那么好玩，她
干吗不玩那些？

我们之前讲过，不管是贵的玩具，还是喝完水的塑料瓶，孩子
去玩它，都是在探索它，在探索世界。比如，通过不停地扔掉手里

的东西，孩子们虽然不知道万有引力的概念，但是却能推理出这种规律，逐渐了解，自己只要一撒手，这个东西就会掉到地上。这些外星科学家们，需要不断重复这种咱们看起来很无聊的实验，才能得出科学结论。

**Q** 我家两岁多的孩子超喜欢车，我便买了所有有关车子的绘本、拼图、衣服、车模、贴纸，看展览，甚至是买车子形状的面条，现在孩子只喜欢车，其他没什么兴趣，我这样做是否有些过了？需要分散引导其他的吗？

**A** 这个妈妈真的很用心，能帮宝宝找到那么多他感兴趣的东西。就描述来看，我个人觉得目前你没必要太担心，更不需要强制性地分散他的注意力。可以从车子出发，慢慢辐射到其他东西，比方说可以让车子去冒险，认识好多好多其他的小朋友（其他的东西）啊。在车子冒险的过程中，宝宝也可以认识很多新朋友新东西。

**Q** 俩男宝，一个四岁两个月，一个一岁半，妈妈全职，一直比较关注大宝的感受，二宝出生后一直抱大宝很多，但是大宝还是喜欢抢弟弟的玩具，弟弟开始会反抗，现在总委屈地哭，想问吴老师怎么用游戏的办法让两个孩子相互接受呢？弟弟有了好吃的和玩具还会给哥哥送去，但哥哥就不太乐意给弟弟……

**A** 不知道平时家里的玩具，会不会区分哪个是哥哥的，哪个是弟弟的呢？四岁多的哥哥已经有了"这个是我的"的意识，而弟弟一岁半，差不多刚刚开始有这个意识，但还不会完全觉得这个是"我的"那个是"他的"，所以，弟弟会更容易"分享"，而哥哥看起来有些"小气"。如果哥哥和弟弟有各自的玩具，建议使用贴纸贴在玩具上，清楚地把所有权分清。

除此之外，四岁多的小朋友还不太会用语言向别人借东西，所以在日常生活中，可以常常全家人一起做"借东西"的游戏。

比方说，爸爸妈妈之间互相借空调的遥控器；妈妈向孩子借玩具，玩几分钟再还给孩子；妈妈手里拿一个玩具，如果哥哥来抢，妈妈要故意夸张地演：我的玩具被抢走啦，好伤心啊；或者如果是弟弟来抢妈妈的玩具，妈妈夸张地表现伤心，并且装作很委屈地问哥哥：我的玩具被抢了，好伤心，怎么办啊；等等。

记得每一次也要向借出东西的人说谢谢。

**Q** 宝宝还不会简单地搭积木，只会咬、扔、推倒积木，我也示范过，但还是没效果。作为家长的我们需要引导宝宝吗？还是等待宝宝自身的发育规律来学会？

**A** 这位妈妈或者爸爸没有说宝宝有多大，但是我估计应该是很小的小宝宝，对他们来说，咬、扔、推都是特别厉害的能力。孩子从不会推积木到能够推积木，还能够展现给爸爸妈妈看，宝宝自己该多开心哪。可是爸爸妈妈没有发现他很厉害耶。

**Q** 两岁孩子自己非常有主见，在很多事情上面家长谆谆诱导都无法改变她的想法和主意时怎么办？孩子生气时喜欢摔打东西，破坏性很强，以摔坏泄愤为主，主观性比较强怎么办？

Ⓐ 两岁孩子有主见，这太正常不过啦，而且也是值得开心的一件事。可是为什么爸爸妈妈总要改变人家的想法和主意啊，人家好不容易才有了自己的想法和主意呢，呜呜。大人不能实现自己的想法也会很生气啊。

不过小宝宝因为语言能力不强，对情绪的控制能力也差，所以他们不会像咱们大人似的，默默地生气，默默地忍着，会用行为——摔打东西表达出来。

首先咱们必须得承认她的愤怒。然后，既然宝宝用行为来表达生气，咱们又不能让小宝宝憋着，她会像气球憋爆掉的。所以，可以用其他的可接受的行为来表达生气。

比方说咱们最开始的小女孩的例子，她虽然破坏了玩具，可是小女孩在平时的生活中，没有哭闹不止，也没有打其他小朋友的行为。因为她的愤怒，在游戏中得到了释放。

平时也可以设置一些游戏场景，让小熊玩具发脾气，让小熊替宝宝发泄，还可以让宝宝和小熊学习怎么处理生气。

# 第十章　如何建立亲密的亲子联结？

刘建鸿

刘建鸿：华东师大发展与教育心理学博士，致力于积极教养的普及和推广。知乎育儿专家。爱贝睿家长教练。

归属感、自主感和胜任感，是打开孩子内心世界的"钥匙"。除了拥抱，共情、游戏、接纳和好奇也可以帮助你增进亲子联结。

## ◆打开孩子内心世界的"钥匙"

想了解孩子的内心，我的"秘籍"是了解孩子的心理需要。所有的人，包括孩子都有三个基本心理需要：归属感、自主感和胜任感。可以把它们看作是打开孩子内心世界的"钥匙"。

一，归属感：孩子感受到爱、尊重和接纳。

二，自主感：孩子感到行为可以由自己决定。

家长们尽量要让孩子感受到可以选择，把句子里的"不要"变成"可以"。举例来说，天色已晚，但孩子玩秋千不想走，父母怎么说会更有效果呢？比较以下两个句子：

1. "时间很晚了，不要再玩秋千了。"（孩子可能还是一拖再拖……）

2. "五分钟以后我们要离开了，你是接着在这儿玩秋千，还是去那边玩跷跷板？"

第二种表达听起来不但可以接着玩，而且可以玩两种，但又设定了清晰的界限。（对于小孩，还不清楚五分钟有多长，建议用定时器会更明确。让孩子自己来设定时器会更好）

同样的事情，不同的表达，可以让孩子有可以选择决定的感觉，满足了孩子的自主需求。

三，胜任感：孩子觉得他能做到。

例如"我会画水粉""我能滑轮滑""我能和伙伴合作搭乐高大楼"等。

我曾在一个幼儿园里看到一个两岁半的小女孩认真专注地剪指甲，我当时很吃惊。怎么指导的呢？老师先让孩子剪手样的硬纸皮，在手指"指甲"的位置用铅笔涂黑，再让孩子把脏的那小部分自己剪去，她剪得非常认真和专注。到后来练得熟练了，精细动作控制好了，再尝试让她自己来剪指甲。

美国著名心理学家 Deci（德西）和 Ryan（瑞恩）认为：

三种基本心理需要如果得不到满足，孩子会表现出各种问题行为。

　　三种基本心理需要如果得到满足，问题行为会得到改善，并促进孩子从外在动机向内在动机转化，感受到较高的幸福感。

　　了解了以上规律，家长好比有了一幅"教养地图"，在教养过程中如果遇到困扰可以依照"地图"的指引进行调整。即思考孩子的问题行为是因为何种基本心理需要得不到满足，一旦家长做出针对性的调整，孩子的行为问题也就改善了。

　　比如自暴自弃的孩子，往往是缺少胜任感。这时需要做的是鼓励他小步渐进……大孩子因为弟弟或妹妹的出生表现出嫉妒甚至孩子气的伤害行为，往往是觉得被父母忽视，此时要着眼于如何满足大孩子的归属感。有些问题情境要综合考虑，可能会同时涉及孩子的这三种心理需要。

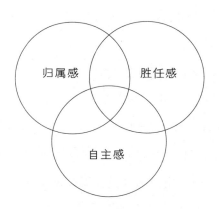

　　我们来看一下这个例子。幼儿园的老师说："小刚，立刻给我停下，不然放学后你要被留下来。昨天我已经告诉过你们男孩子上课时不要在教室里跑来跑去。"这种管教方法在中国教育里可谓司空见惯，甚至到小学、初中，很多老师还是用这种方法。老师试图维持整个课堂的纪律，但是对孩子的感受、想法没有接纳。这种情况下呢，孩子有可能会因为害怕惩罚，暂时停下了动作，但可能口服心不服，即便暂时遵守了纪律也只是外在动机。

更有教育智慧的做法，老师可以对孩子说：

"小刚你很想跑跑动动是吗？"（跟着他的关注点，理解和接纳孩子此时的意图和想法。）

"规定上课时是不可以在教室里跑来跑去的。"（同时也设定了限制。孩子的意图、情绪、想法都是可以接纳的，并不意味着赞同孩子的行为。）

老师可以蹲下身来（用非言语的动作，来体现尊重和平等），看着孩子的眼睛说："过会儿到操场上让我看看你能跑多快，跑多远。"这句话很重要。说明老师认为孩子跑动本身没有不对，只是在课堂上是不适合的。但如果在课后的时间到操场上，老师很乐意看你能跑多快，跑多远。

这是一种欣赏的态度，这种欣赏包含着对孩子的接纳（无条件的积极关注，孩子感到有归属感）、对孩子自主性的认可（你可以跑，孩子感到有自主感），还包含对孩子跑的肯定（孩子感到有胜任感）。

这样的回应方式，兼顾了孩子的三种基本心理需求。

在这个例子当中我们看到，充分接纳孩子和让孩子遵守纪律并不矛盾。对孩子感受、想法、意图的接纳，对孩子能力的欣赏，同时晓之以理，反而能让孩子更自觉自愿地遵守纪律。

三种基本心理需要如果得到满足，会促进孩子从外在动机向内在动机转化，并感受到较高的幸福感。这时孩子遵守纪律是更加内化的，会促进孩子自律的形成。

## ◆给孩子自由，就没办法严格管教了吗？

错！管教本身包含两方面：增进亲子联结，设定界限培养孩子自律。

我们常常认为管教就是要严格要求，其实管教包含两方面：一方面要增进亲子（师生）联结；另一方面要设定限制，积极促进孩子发展出自律。

其实两者应该结合起来，并行不悖，单单强调一方面都不是好的管教。

所以说，"管教就要严厉，如果爱孩子、充分接纳孩子就没办法对孩子管教"是一种错误的教养迷思！相反，接纳孩子，增进亲子联结，再设定界限，有助于培养孩子遵守纪律，进而逐步培养孩子自律。

因此亲子联结对教养非常重要，关系越好，也意味着家长对孩子有更大的影响力。

## ◆ 先改善亲子关系再谈教养

让孩子信任你，建立良好的亲子联结。

下面我从心理咨询的研究和实践来说说亲子联结对教养的重要性。

心理咨询流派众多，如精神分析、认知疗法、行为疗法等等，哪种疗法更有成效呢？20世纪70年代一项很有影响力的研究发现，不同的咨询流派对疗效的影响差别不大，而咨询师和来访者的关系建立得如何对疗效的影响很大。也就是说，如果来访者认为心理治疗师真诚、有爱心、充满热情，能共情他的感受，他的治疗成效就更明显。

这个发现有些出人意料。但仔细想想，又会觉得在情理之中。因为如果咨询师和来访者连信任关系都无法建立，来访者可能来一次就再也不来了（"脱落"了），就算咨询师理论功底再深刻，咨询技巧再高超，也用不上劲。

教养也同样是如此。如果亲子联结很糟糕，教养也是无从着力的，哪怕父母的出发点再好，采用的方法再高明都没有用。大家试着想想：如果孩子不信任父母，不觉得父母爱他，他为什么要改变？事实上，对于孩子，特别对于低龄孩子来说，促使他们改变的最大动力，就是希望得到父母的爱。

听到这里，大家可能会有疑问："孩子不像来访者，他可不会下次就不来！我凶一点，他还是会听我的。"

没错，孩子在小的时候，他无法离开你的照料，只好服从你。但随着年龄的增长，孩子的独立性增加，他在内心可能离你越来越远。

此时再补救就比较困难了。

以前做讲座时常遇到家长问我："孩子小时候我对他很严厉，关系很僵。现在孩子上初中了，一回家就进他的房间砰的一声把门关上了。我只有吃饭时才偶尔能和他说上几句话，他也不听。我该怎么办？"

还能怎么办？！没有其他的捷径，只能先修补和改善亲子关系，没有其他的路可走。

亲子联结的好处还不止于此。孩子如果有良好的归属感，也有利于他其他方面能力的发展，包括情绪的调整，自信心，社会交往，问题解决及自我调节能力等。

## 如何判断你的亲子联结程度

亲子互动是双向的、微妙的。

我拟了两道题，大家可以试着回答一下：

1. 你知道孩子在班上最喜欢和最不喜欢的人分别是谁吗？你知道他最喜欢的图书是哪一本吗？

2. 你知道他最近遇到什么让他难过、感到受伤的事情吗？

第一个问题，考你是不是熟悉孩子的生活。因为只有经常陪伴和沟通才可能非常熟悉。

第二个问题深入些。就像我们春节遇到点头之交时，讲一些相互恭维的客套话，那是比较表面的关系。而你愿意谈及你的困惑、挫折、受伤的经历的人，才是你真正信赖的朋友和亲人。与此相类似，如果你听到孩子说起他近来的困惑、挫折、受伤甚至感到羞愧的经历，你能够触碰到这部分，我要恭喜你，说明你跟你的孩子的关系很亲近。

通过这两个问题的回答，可以大致判断你亲子联结的程度。

哈佛大学儿童心理学家 Edward Tronick（爱德华·托尼克）教授做的著名研究 Still Face Experiment（静止脸实验）生动地反映了亲子互动的过程。

短短的一段视频（可扫 P181 "Still Face Experiment" 二维码），有很多地方值得分析：

亲子之间的互动是双向的。不但母亲的一举一动会影响孩子，孩子也会试图影响母亲。视频里当孩子手指向一个地方，他会跟踪妈妈的目光是否跟随他手指的指向，如果是的话，他很开心，他知道妈妈在乎他的意图，看到了他看到的。

亲子良好互动时，母亲和孩子基本上是同调的。包括说的内容、情绪的强度、时间的同步等。比如，如果你把非常着急的事情告诉朋友，如果对方轻描淡写，或是当场没反应，到第二天才回应你，或是答非所问，你都会觉得没有得到回应，都属于不同调。

视频中我们看到有段时间孩子用手指、伸出双手等各种信号希望获得妈妈的回应，而母亲面无表情无动于衷，即便时间很短也可以看到孩子很受挫。此时情感修复成功与否，有赖于日常的亲子联结程度。在视频中，由于平时她们亲子联结紧密，情感很快得到了修复。

视频对家长日常教养有什么启发呢？

设想说一年级的孩子告诉你同学们都在玩《洛克王国》（腾讯旗下针对儿童出的一款游戏），你当场的反应是什么？如果你只是下命令说"不要玩游戏，不要跟他们一样"，那么孩子的关注点你并没有关注到。

另外他的情感你关注到了吗？他说别人玩我也很想玩，你急于否定，说游戏不好，千万不要玩。传递的信息是"不应该喜欢游戏"，情感部分也没有给予回应。

如果他的成长过程中，他的关注点、情感、意图等，你没有关注到，也没有同调，亲子的联结就会越来越疏远。

视频中妈妈的"静止脸"让孩子意外和受挫，母亲过后及时进行了修复。但是如果在生活中一而再、再而三地缺少对孩子的关注和情感回应，孩子会放弃，不再对母亲抱有期望。

放弃之后，自然孩子生活中很多想法、感受、意图父母就不知道了，亲子联结也就慢慢疏离。

温尼科特说过一句话："婴儿仰望他的母亲，在母亲的眼中看见自己。"

这句话，非常优美动人。当母亲的眼中闪着愉快的光芒时，宝宝看到了什么？看到了自己有价值，看到了自己被喜爱。这样的人际互动，是人际中非常微妙又非常动人的时刻。正是通过这些微妙丰富的亲子互动，亲子联结得到了增强。

# ◆ 父母怎么做，更有助于增进亲子联结呢？

除了鼓励亲子间的肢体接触（如拥抱），美国儿童神经心理学家 Steve Hughes（史蒂夫·休斯）还建议家长用共情、游戏、接纳和好奇四种方式来增进亲子联结。

## 共情：学会与孩子感同身受

我们先来看一看怎么共情才是合适的。育儿专家法伯和玛兹丽施在《如何说孩子才会听，如何听孩子才肯说》里举了一个例子。

一位小女孩养小海龟，每天都跟它玩，但是一天早上意外地发现小海龟死了。当她难过地跑来告诉父亲时，如果您是这位父亲，您会怎么做出回应？

1. "别难过，宝贝。"

这几乎没有什么用。因为我们无法让情绪马上就停下来，"就好像你的孩子受了伤，血在慢慢向外渗的时候，要血马上停一样做不到。"

2. "别哭，给你再买一个。"

听起来像是解决问题的办法，但其实不是。因为这样回应把有生命的乌龟看作是没生命的东西，可以随意替换。可小海龟和孩子有很长一段时间在一起玩，有亲密的感情，这样回应可能会更伤孩子的心，孩子可能哭闹得更厉害，"我就要这个小海龟"。

那么适合的共情应该如何回应呢？

共情应说出孩子此时此刻的感受。这时候孩子的感受是什么？难过对吗？还有呢？意外，对，意外，这是一个突如其来的事情，孩子之前完全没想到。

"哦，是吗？真没想到。"说出他女儿感受到的意外和难过。也许他的难过没有他女儿那么多，但他确实能够理解女儿的感受。

女儿说"以前我还教它玩游戏呢"，此时她又想到了过去的一些画面。爸爸回应："你们原来在一起玩得挺开心的。"女儿说"它是我的好朋友"，眼里有泪花。她爸爸回应说："失去朋友是挺难过的。"大家注意，父亲始终和女儿是同调的。孩子的想法、感受被倾听、理解和回应时，情绪得到了安抚，也更容易平复。

如果女儿跑过来说的时候情绪比较和缓，父亲回应也可以比较和缓；如果女儿很难过哭得很厉害，爸爸的表达也要更强烈一些。因为只有你的强烈，才能表达出孩子这时候的感受。

父母的言语会影响孩子，非言语也会影响孩子，包括沟通时的眼神接触、面部表情、音调、节奏、肢体动作、手势等，非言语常常比言语更能透露出我们真实的感受。

例如，当家长抬高声调说"我没生气"，他生气了没有？他生气了嘛，孩子很清楚。当言语和非言语传递的信息相互矛盾时，言语传递的信息往往是无效的，孩子更可能接收到非言语传递的信息。

# 游戏：在轻松愉快的氛围里解决问题

接下来我说说游戏，游戏能增进亲子联结，有时可以在轻松愉快的氛围里"兵不血刃"地解决问题。

### 在日常教养中应用游戏

举例来说，督促低年龄的孩子养成刷牙习惯不是一件容易的事。怎么让孩子刷牙更有趣味也更有成就感呢？下面是游戏在日常的应用：

刷啊刷，小鸿用喜欢的托马斯小牙刷刷出了橙色的泡沫和清香的橙子味道，嘴巴还凉丝丝的。

"让我看看、闻闻，今天有什么不一样。"妈妈说。

小鸿张开嘴。"哇，牙齿这么亮啊。"妈妈的眼睛眯着，人向后倒，好像被小鸿的牙齿亮光闪到了，睁不开眼。

"还这么清香呢，给爸爸闻闻去。"妈妈偷偷地小声说，"去闻闻爸爸的嘴臭不臭。"

小鸿呵呵笑着跑去书房，嚷道："爸爸，闻闻我的嘴。"

"你嘴巴里有一股清香的橙子味，牙还这么亮！"爸爸很惊讶。

"让我闻闻你的。"小鸿得意地说。

"我还没刷牙呢。"爸爸不好意思地一边说一边躲。

"给我闻！"

"不行，真的不行。"

"给我闻看看嘛！"

最后爸爸很勉强地张开嘴——"哇，好臭。"小鸿闻了一下，露出预料之中的嫌弃表情，又笑着去报告妈妈，"爸爸没刷牙，不干净，嘴好臭哦。"

### 在教育中应用游戏

《第56号教室的奇迹》作者雷夫老师曾获全美最佳教师奖，他把游戏的原理应用于数学教学。比如两位数加法题：63+28＝？他问学生，如果你是出卷子的老师，你会给出哪几个答案作为选项？

一个孩子说可以出一个选项91（自然，这是正确答案）。雷夫又问："其他还可以放什么答案呢？"另一个学生说："安排一个选项81吧，有人会忘了进位。"还有的孩子说："万一没看清楚符号会把加号看成减号呢，放一个选项35吧。"……大家七嘴八舌，没有输赢的压力，反串"角色"当起出题的老师来，待出完题讨论了最容易的错法和答案，孩子们自然也就不容易再犯错了！师生间的心理距离也近了不少。

## 接纳：给孩子无条件的爱

接下来我介绍第三种方法：接纳。

无条件养育的理念来自于美国著名心理学家 Carl Ransom Rogers（卡尔·罗杰斯）。

什么是有条件的爱？"大多数父母都只是在孩子们满足了自己的期望的时候，才会爱他们。当父母对孩子的行为不满意的时候，他们就收回他们的爱。"罗杰斯指出，"这种有条件的积极关注（爱）的结果就是，孩子们学会了抛弃他们自己的真实感情和愿望，而只是接受父母赞许的那一部分自我。"

罗杰斯说："我们需要无条件的积极关注（爱）来接受我们人格中的所有方面……一直爱孩子，接受孩子，在这种条件下，孩子就会觉得不需要去隐藏那部分可能会引起爱的撤销的自我，他们就可以自由地体验全部的自我，自由地把错误和弱点都纳入到自己的自我概念中，自由地体验全部生活。"

《PET父母效能训练手册》的作者［美］Thomas Gordon（托马斯·戈登）和《非暴力沟通》的作者［美］Marshall B Rosenberg（马歇尔·卢森堡）都是罗杰斯的学生，他是祖师爷级别的。

孩子的情绪、想法、意图、动机我们都可以接纳，接纳并不意味着我们赞同。先接纳再推动孩子改变。

举个例子：孩子从学校回来说他嫉妒某个同学成绩比自己好，这个时候家长怎么回答呢？

通常我们会说，你怎么可以嫉妒别人呢，大家都是好伙伴，你要向他学习啊。我们否定孩子或者不允许他嫉妒，但他的嫉妒情绪并没有消失，依然存在，只不过下次他再也不敢跟你讲了。因为他知道，他再跟你讲会受到你的批评。

孩子在跟我们谈他内心感受的时候，我们要接纳孩子的负面情绪，如嫉妒、羞愧，告诉他妈妈或爸爸理解你的感受。如果家长曾有过相似的经历，建议和孩子分享自己曾有过的经历和感悟，如"妈妈小时候平时成绩都很好，有一次考试考输给了同桌的同学，也挺嫉妒她的。后来妈妈在平时的学习准备中做得认真，下一次成绩又追上来了"。

这样会让孩子觉得嫉妒是人之常情，嫉妒既可能激励人提升自己的能力（正面），也可能让人通过贬损别人来满足自我价值感（负面）。家长接纳了孩子的感受后，向孩子示范了如何表达自己的感受（嫉妒可以说出来），但又往正面的方向去推动——如何调整自己的行为来提升自己（如"后来妈妈学习更认真了，下一次成绩又追上来了"）。

下面讨论一个很有挑战性的问题：有时候孩子的愤怒是针对父母的，比如他说"妈妈，我讨厌你，你是个坏妈妈！"的时候怎么办？难道这时候也要接受，也要接纳吗？

嗯！接纳这个太有挑战了，接纳它等于否定了自己。但即便孩子有时会这么表达，我也建议大家仍然接纳，但要限制他的一些用语和行为，比如不能使用一些非常不礼貌的字句，不能丢东西摔东西，但可以表达愤怒的情绪。

孩子的愤怒如果可以适当表达的话，家长会更有机会了解孩子，进而影响孩子。

希望帮助孩子重新认识自己，也离不开对他情绪、感受的接纳。

例如，一位孩子在户外项目——断桥项目中犹豫了很长时间还是不敢跨过去，最后沮丧地下来了。

妈妈走过去鼓励他，用手抚摸着他的肩膀说："虽然你最后没有成功跨过断桥，但妈妈看到了你的努力和勇敢。"

儿子回应说："我才不勇敢呢！我站在上面其实很害怕。"

妈妈回答："哦，你当时觉得害怕。"

孩子："是的，妈，我很害怕，最后我还是失败了！"

妈妈："你那时在害怕，但你仍然在断桥上站了很长时间不愿意放弃，这在我看来就是勇敢！"

孩子刚从断桥下来时，他并不认为自己勇敢，他认为自己其实很怯懦、害怕。妈妈此时如果急于安抚和鼓励孩子，表扬说"我认为你这不叫害怕，你的行为就是勇敢"，没有接纳孩子的感受，表扬意图虽号，但与孩子的真实感受并不一致，无法被孩子接受，自然也无法重新建构形成对自己的新认识。

而在前述对话里，妈妈接纳了孩子的情绪和感受，再进行加工，"嗯，你那时在害怕，但你仍然不愿意放弃，而希望再试试看。这在我看来这就是勇敢！"这时候孩子就接受了，将自己的情绪和妈妈的看法重新做了整合，这时候孩子才真正修正了原有的认识，认为自己的努力虽然没有成功，但的确也包含着一份勇气。


## 好奇：愿意了解孩子的真实想法和感受

接下来谈最后一个方法：好奇。好奇是不评判，开放地，愿意了解孩子的真实想法和感受。

有一次在 QQ 群讨论，有家长问："我女儿说她的一个最好的朋友，最近什么事都不告诉她，问她为什么，她只说这是她的秘密。女儿听了感觉很受伤，我该怎么引导她呢？"

群里家长纷纷发表意见，如果自己是母亲会怎么回应女儿：

"我觉得应该尊重朋友，她不想说就不说啊。"（教育）

"看你这么难过，为什么不直接当面问她呢？"（建议，给出解决方案或意见）

前者家长用教育的口吻，意思是你伤心错了，应该尊重人家的自由。后者直接给出解决问题的方案，却没有想到孩子之所以伤心又难以开口询问，背后一定有她的原因。两者都是先入为主，以自己的认识来代替孩子"思考"和"感受"，孩子的伤心没有被理解和接纳，自然也不愿意进一步沟通。

也有的家长建议这么回应：

"你以前和她相处得挺好啊，过一阵子就会好的。"（安慰、同情、安抚）

"别老为这事情不高兴了，走，晚上我们去看场电影。"（转移话题，大事化小，觉得只要分散或转移孩子的注意力就好了）

这么回应没有了说教的口吻，但不足是孩子仍然会觉得自己的感受没有受到重视，似乎妈妈觉得自己的难过不重要，只要用时间或其他娱乐一"冲"就没有了。

其实，我们不必假定自己知道"孩子应该怎么样"，因为我们不知道她和朋友间发生了什么，只要倾听，接纳她的情绪，保持好奇、开放、不评判的态度是更合适的，鼓励孩子去了解她们之间发生了什么，也许曾经有过什么无心之失伤了朋友，也许另有其他原因。青少年的想法和情绪背后往往有他们自己的人生故事……

## ◆结语

增进亲子联结，也就是让孩子获得良好的归属感，是教养中非常重要非常基础的部分，它会让孩子更敢于探索，会让他感觉到更有价值，也会更愿意去改善自己。缺少了这部分，教养无从着力。

接纳孩子，增进亲子联结，再设定界限，有助于培养孩子遵守纪律，进而逐步培养孩子自律。增进亲子联结，也有助于遇到亲子联结遭到破坏时进行修复。

Still Face
Experiment

# 聪明养育，养育聪明

# 第五部分

这是一个谈到养育容易焦虑的时代，
扑面而来的各种育儿资讯可能让你手忙脚乱、无所适从。
来学做从容的父母吧，聪明养育，育儿育己。

# 第十一章　养育不割裂，父母更从容

陈　忻

陈忻：美国康涅狄格大学心理学博士，美国儿童发展研究协会会员，现任教于玛丽维尔私立文理学院，爱贝睿家长教练。

孩子小时候愁长牙长几颗，长大了又愁不会交朋友，每个阶段都有发愁的事情。如果你能用长远的、发展的、整体的眼光看孩子的成长，可能会少点担心，多些淡定。

我们到底为什么焦虑，怎么才能变得稍微从容一些？完全不焦虑，我觉得不太可能，以前我们网上俱乐部有一句经典笑话，说为人父母就是一个不断瞎担心的过程，愁会爬不会爬，愁长牙长几颗，到后面愁会不会说话，愁会不会自己上厕所，总之，每个阶段都有发愁的事情。其实等事情过了，你再回头看，根本没有那么严重，可不就是"瞎担心"嘛。但是当我们处于那个阶段的时候，还是情不自禁地担心。如果我们能用长远的、发展的、整体的眼光来看孩子的成长，可能会少点担心，多些淡定。

## ◆ 亲子关系的发展不是线性的单进程

我们有很多担心，一个常见的担心是：孩子现在怎么样，那么将来一定会变得怎么样，有很多坏的猜想。这个现象非常普遍。

我把一个图介绍给大家。

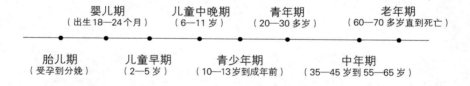

当你想到孩子发展这个事情，你一定要有发展的眼光，记住孩子是从婴幼儿到儿童再到青少年，他是一个不断发展的过程。而且孩子本身不是消极地只接受别人影响的容器，孩子是一个积极主动的学习者，他有自由意志。而且随着年龄的增长，随着认知和情感的发展，随着经验的增多，变化就产生了。成长就是各方面产生变化的过程。

我讲个吃饭的例子，因为有很多父母对孩子吃饭是非常在乎或者是焦虑的。其实我也是，大宝是我的第一个孩子，而且他一直到两岁，饭量都特别小，而且吃辅食品种也少，那时候刮个苹果糊糊给他，他一分钟以后就会吐出来，是呕吐的那种吐。我一方面焦虑，因为他身高、体重都低于正常标准10%，另一方面，我非常内疚，我觉得我不是个好妈妈，我想象着好妈妈应该特别会做辅食吧，孩子一定吃吗吗香吧。儿科医生让我别担心，说："他的生长趋势就是这样，不要紧。"后来我就有了小宝，小宝吃饭特别好，胃口好，给他加什么就吃什么，不挑。那个时候，我才慢慢地不内疚了，我不觉得我是个坏妈妈，因为我都是一样准备辅食，小宝吃得那么好，大宝吃得不太好，这不是我的错，只能说孩子有个体差异。养两个不一样的孩子给我的感受，让我从焦虑中走了出来。

可是现在国内很多家庭都是一个孩子，他们没有养别的孩子的经验，再加上别的妈妈用自己的孩子作为例子这么一讲，一对比，真的很容易焦虑。所以，我觉得养两个不同的孩子让我看到孩子的个体差异，并且对别的父母、别的孩子更理解。我不会说，你的孩子不好好吃饭，一定是你惯的，没养好习惯，等等。有时候，这个孩子确实是胃口小，或者是入睡不是很容易，或者是比较容易生病（比如小宝，一感冒就中耳炎，后来不得不做了耳管手术），或者是两岁多还不会自己去上厕所，等等，这些孩子的问题，并不是因为我们不会做父母造成的。养两个孩子，特别是两个不一样的孩子，会让我们变得对自己更宽容，对别的父母也更宽容。大家养孩子都有过被别人批评的经历。特别是国内，小区里大妈都是专家，可能动不动就批评新妈妈，这个让人压力很大，而且也会让人产生焦虑。

　　所以我想跟大家说，当你听到别人指责你养孩子的方式，大可一笑置之，就说："咱们的孩子不一样。"把咱们自己的内疚感、焦虑感放下。

　　那么，是不是两岁，甚至三岁不好好吃饭，这一辈子就完了，以后永远就不能好好吃饭了，是不是永远就这么矮小下去了？不见得。我们要有发展的眼光。刚才叫大家放下焦虑不是说不管了，而是说，对自己的养育方式要有点信心。我觉得是小宝给了我养育的信心，因为他吃得欢，所以我不觉得我不会做辅食。我就照样这么做，在网上也搜菜谱变点花样，并且一直观察他的身高体重。三岁之前一直是半年体检一次，三岁之后每年体检一次，他的身高体重增长比较稳定，医生说没有问题。大宝一直到过了五岁生日，胃口才慢慢开了，以后我就再也没有为他的吃饭发愁过。

　　还有和吃饭相关的一个问题是挑食。很多父母说自己的孩子挑食，怎么办？着急。我记得网上有个笑话，说爸爸妈妈不挑食，因为他们买自己爱吃的。那么小孩子挑食，我们是不是非要急于纠正，一定要强迫他们吃，因为"这是为了他们好啊""需要均衡营养啊"。

　　我还是说说我家的故事。我刚才说大宝吃菜品种相当有限。即使过了五岁，也有很多东西都不吃，特别是蔬菜。而且两个孩子还存心为难我似的，一个孩子爱吃的东西，另一个孩子必定不爱吃。比如，大宝刚开始坚决不吃洋葱、茄子，小宝却喜欢；大宝能吃西蓝花，小宝却不碰。所以我每天做饭还挺发愁，得考虑到两个孩子。不过我没有强迫他们，因为将心比心，我小时候也有些食物不爱吃。记得我小时候不爱吃芹菜，觉得嚼不烂，也不喜欢吃西红柿鸡蛋汤，可是长大以后却很喜欢吃。所以我不强迫他们吃不爱吃的东西。不过我隔一段时间会做一次，我说不爱吃就不吃，不过妈妈做了，你吃一口两口尝尝看。一般吃一口两口他们愿意。这样有些菜慢慢地他们也爱吃了。去年大宝突然喜欢吃茄子了。他自己说，妈妈我以前不爱吃茄子，现在我觉得茄子很好吃。我说，对，因为我们的口味会变。所以，我们家一直没有挑食的压力。因为孩子们自己也理解，现在不喜欢的东西，可能以后会喜欢，所以他们也愿意尝试一口两口。两个孩子现在几乎不怎么挑食了，连糙米都爱吃。所以，我们自己淡定一点，不要把焦虑传递给孩子，不要给他们太多的压力，反而他们的一些所谓的问题会渐渐消失。如果我们特别当回事，强迫他们，可能真的会让他们变成挑食的孩子。

这是我想讲的第一点，不要觉得孩子现在怎么样，然后我们就很恐惧，他们将来一定会怎么样。孩子的发展不是静止不变的，而是发展变化的。

发展也不是一个线性的单进程，比如，他们小时候是个内向的人，将来就一定是个内向的人；他们小时候不会收拾东西，以后就一定会邋邋遢遢。大量的研究表明，人的发展具有多样性，人的发展充满了各种可能性。比方说一个比较内向的孩子，如果小时候他的父母对他的需求比较敏感，他的幼儿园老师比较温暖，小朋友们也比较友好，那个孩子将来可能会比较好地表达自己的情绪，比较好地和别人交往。但是，如果他的生活发生了突变，比如，父母离婚，母亲带着孩子去了另一个地方，环境发生了改变，也许这个孩子又会变成内向的人。同样一个内向的孩子，如果小时候父母对他的需求不敏感，同伴不友好，老师又要求比较高，那么，这个孩子成为一个内向的人概率比较大。但是，如果他以后碰到一个特别好的老师，有几个很好的朋友，也许他也会变成外向的人。

这就促使我们关注发展的环境或背景，每个人发展的背景都是独特的自身和环境互相作用的结果，背景不同，极有可能成长的道路也不同。

对于父母也好，教师也好，任何和孩子一起相处的人，如果我们具有发展的多进程概念，就不会给孩子贴个标签，你是个什么样的孩子，你是学不好啦，或者你将来一定不能怎么样。孩子有很多机会，能走向不同的道路。如果我们面对这样的孩子，让我们做点什么，也许我们可以改变一些孩子的发展道路呢。

早期怎么样，将来就一定怎么样，这样的断言也是不尊重儿童的发展规律。

所以说，网上有些什么绝招，比如这样做孩子就能怎么样等等。这都是比较死板的看法。没有一成不变的办法，也没有什么一劳永逸的办法。父母和孩子的互动是随着儿童的发展而变化的。

所以，在孩子发展的过程中，你觉得有了问题，不必急于去解决，先冷静一下，观察一下，把孩子的行为记录一段时间，当然也要记录一下父母对这个行为的反应，再记录一下孩子对父母的反应的反应，记录一下这些互动的过程，也许能找到原因，也许能发现怎么做对你的孩子最有效。

## ◆把眼光放到孩子整体发展上

第二个普遍的焦虑是，孩子有这样的问题，我必须要做点什么，或者我一定要改变他这一点，不然他以后会一直这样。经常把眼光死死地盯在一个问题上，有时候越紧盯，反而越让人看不清楚。所以，我认为大家需要理解孩子身心发展的整体性。

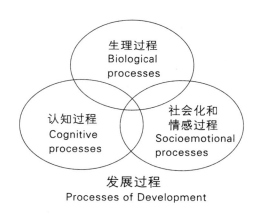

发展过程
Processes of Development

这三个方面的关系：互相作用，共同发展的整体关系，而不是独立发展，可以被割裂开培养的。

有的人问了，我为什么需要了解这个？我认为了解这三个方面的发展是互相影响的整体关系，有利于我们建立一个儿童发展的大局观。我们做科研的时候，研究者通常精力有限，常常研究一个或者几个自己感兴趣的领域，比如有专门研究儿童情绪发展的，也有研究儿童思维发展的，也有研究大脑发育的。但是，我们养育孩子，这个孩子不是割裂了发展的，而是作为一个整体发展的，所以我们必须看到整体和各个因素之间的关系，并且眼里有各个因素的作用，而不只盯着一个方面。比如现在很流行的，要培养孩子的 grit，翻译成中文就是坚韧不拔。微信到处都在转，叫什么美国流行的教育理念。问题是，你不能说，哦，这个品格重要，我现在要来培养这个品格。要知道，一个人要成功并不单单靠坚韧不拔，连研究 grit 的美籍华裔心理学家 Angela Lee Duckworth（安吉拉·李·达克沃斯）都说，坚韧不拔和智商没什么关系，有聪明的百折不挠的人，也有愚笨的百折不挠的人。我想大概聪明的人，我们就赋予人家一个褒义词，百折不挠；如果是愚笨的人，死活不回头的，我们也有个贬义词，叫不撞南墙不回头。我们也不希望自己的孩子钻牛角尖。Grit 重要，但是也要有灵活性。其实最重要的，我觉得是培养孩子能够审时度势，评估多方面的信息，根据自己的进度和目标，能够调整自己的能力。所以我希望大家不要一看到一个教育热词，就一窝蜂地去跟风，要从自己孩子发展的整体来看待某些文章。如果看不到发展的整体性，就很容易被网上一些文章所影响，被一些似是而非的观点所影响，无端地多了很多焦虑，或者多了很多纠结。

比方说，有很多父母纠结上小学前要不要学认字，如果你只盯住认字这一件事情，而忽视了发展的整体性，那么你的纠结就没有尽头了。因为，不管怎么做，都是有风险的。有妈妈说，自己一贯对孩子快乐教育，学前没有辅导任何认字和算术，结果上了小学跟不上，天天被老师差评，自己每晚都忍不住对孩子咆哮。还有的妈妈说，学前教认字和算术就行了吗？太多学前教了小学内容的孩子，一年级上课没兴趣听课，不停地和别人说话反而丧失了学习的兴趣。这真是让人纠结的问题，教还是不教？

　　每个孩子都不一样。第一种情况，不教，有的孩子有可能跟不上，再加上来自老师和父母的压力，从此丧失学习兴趣；第二种情况，不教，有的孩子可能不受影响，上课认真听讲，很快就能跟上；第三种情况，提前教，有的孩子可能觉得自己会了，上课不听，反而没有学习的兴趣；第四种情况，提前教，有的孩子觉得自己会了，自信心大增，同时受老师喜欢，进入良性循环；第五种情况，不刻意教，孩子自己有兴趣，自己问，自己学，也不知不觉地学会了很多（我家两个孩子就属于第五种情况。他们六岁之前，我们回国了两次，每次都住两个月。在国内期间，他们对汉字产生了强烈的兴趣，指着路牌、商店名、广告纸，时时刻刻问，就这样，不知不觉会认四五百个汉字）。

　　为什么同样的事情，结果迥然相异？

　　我们作为父母，能不能站得高一点，不要只关注孩子的问题，而是和孩子一起面向未来呢？

　　自己的孩子是什么样？自己应该怎么做？这都是父母的选择。教还是不教，看自己的孩子再做选择。我想说的是，一旦做了选择就敢作敢当，承担后果。如果结果和自己预期的不一样，孩子学业跟不上也好，有一些行为问题也罢，回家跟孩子天天咆哮，不是敢作敢当的父母。不管是哪一种情况，当初你已经选择那么做了，事情已经发生了，就不要去后悔，什么应该事先教或不教，这都于事无补。不管父母怎么跟孩子咆哮，也于事无补。

　　所以说，要和孩子一起面向未来，和孩子一起解决问题。如果孩子一开始跟不上，在学校来自老师的压力大。回到家，父母应该给他们解压，并行之有效地帮助他们跟上，找到某一个擅长点帮助他们建立信心。如果孩子因为提前教，失去兴趣，应该和老师去沟通。失去学习兴趣也可能是事先教的方式不符合孩子的认知特点，或者没有激起孩子自身的探究欲望，总之原因也有很多。父母后悔也没有用，这个时候应该和老师积极沟通，尽快找到原因，解决问题。很多学习超前的孩子并没有失去学习兴趣，而是越学越想学，对什么都有兴趣。这些孩子具有自主学习能力和内部动机。要尽量去找到孩子学习的内在动机。

所以，父母纠结于要不要上学前认字、数数，没有必要，因为各家各情况，各说各有理。父母应该解决的是自己的情绪问题，以及站得高，看得远，预见在不同的情况，怎么做能够积极地帮助孩子。

不管认不认字，识不识数，我敢说，有一件事情是必须做的，那就是培养孩子的一些行为习惯、自理能力、解决问题的能力、对大千世界的好奇心和探索欲等，有了这些，孩子入学适应才会比较快。所以，这就需要父母放开识字、数数这一个纠结点，把眼光放到孩子整体的发展上面去。

## ◆孩子发展要看多种因素的合力

发展的结果是很多因素影响的结果，也就是说，各种力作用在孩子身上，有的力大一些，有些力小一些，最后要看合力的方向。很多父母第三个怕就是，看到一个不好的影响，就特别担心，这下惨了，孩子被教坏了。

有一次我们在微博上讨论，做手工到底是促进想象力还是破坏想象力。我记得当时是有妈妈说，网上有卖那种成套的手工盒子，一个主题，里面已经整理好了一堆的材料，买回来就可以带着孩子做手工。有人觉得这种手工盒子不利于孩子的创造力，因为盒子里已经把材料准备好了，也就是说，这些材料的功能已经被定义好了，这个东西要用来做什么，那个东西要用来干什么，都已经被固定了，那么，孩子就很难再跳出这个盒子，用同样的东西去做别的东西。这样的考虑有没有道理？我认为有一定的道理。但是，我们是不是要紧张说，啊呀，这种盒子千万不能玩，玩了以后不得了，伤害孩子的创造力啊。我觉得，倒不至于这么严重。创造力的发展，在生活里有很多机会。比如说，在学校有没有允许孩子表达自己的想法，如果在学校气氛比较紧张，那么，家里有没有尊重孩子，给他们自由表达的机会。除了手工，还有其他的活动，比如听音乐、画画等，这些活动的指向是什么？有没有尊重孩子，让孩子发挥主动性的氛围。如果其他的活动都充分发挥孩子的主动性，鼓励他们开拓解决问题的思路，父母也尊重孩子的想法，这样对孩子总体的影响大于一个手工盒子的影响。即使这样的手工盒子可能让孩子对盒子里现有的材料功能认识不足，但是，他们有自己的想法，愿意尝试解决问题，这样就不会对创造力有很大的损害。

相反，如果父母让孩子上一门课，比方说，专门培养创造力的课，然而，在学校，只以学习成绩论好坏，在家里，评价标准和学校一样，注重结果，而且没有尊重孩子的氛围，不鼓励他们发表自己的意见。这些产生的合力，其实会损害孩子的创造力。所以，当我们开始担心某个问题的时候，分析一下，影响这件事的有哪些因素，哪些因素影响比较大，父母可以做些什么来弥补。这样多想想，可以少很多担心。

再比如，很多育儿的建议，不需要一丝不苟，做到一丝不苟的话，就是教条了。什么事情一旦教条了，这个结果往往不是我们想看到的。很多育儿建议说，不要用物质奖励。我很赞同这一点，我在家基本不用物质奖励，也基本不把无关的事情联系起来。比如，他们做作业那是应该的事情，我不会说做了作业给你奖励，奖励和做作业这本是无关的两件事，我不想把它们联系到一起。不然，孩子建立起的联系，他有可能说，我不稀罕奖励，我不要做作业。但是，是不是要严格到绝对不能用物质奖励？偶尔用一用也未尝不可。

我记得大宝刚开始学钢琴的时候，老师用音乐币。他很喜欢数数，所以，每次练琴之前，都兴高采烈地数一遍，然后练琴。后来一两个月之后，真的是不知不觉，我发现他不需要数音乐币了，让他去练习他就去了。所以会不会损害他们的内部动机并不仅仅在物质奖励这一点。因为在他数完钱练琴的时候，我给他的评价，都是注重过程，评价他付出的努力，帮助他分解目标，一步步实现小目标，经常体验成就感。通过这些，让他对练琴这件事情保持兴趣。

所以，在幼儿园、学校里，老师用小红花啊，小星星啊，去鼓励孩子做一些事情，我们不需要担心说，这下完了，在学校被老师用这些手段来奖励，会不会让孩子依赖外部的奖励啊，或者会不会让孩子丧失自己的判断、自己的选择，光听老师的了。其实没有那么简单，老师对孩子有一定的影响，而且小红花、小星星也只是奖惩的一部分，并不是全部，老师平时的语言、表情，这些对孩子来说也是一种影响。

老师是一种影响的因素，还有别的影响因素，比如父母，比如同伴，比如街坊邻居，比如爷爷奶奶，等等，这些人对孩子的评价都在不知不觉地影响着孩子。孩子究竟会形成什么样的动机，要看他更看重哪部分的影响，哪些人对他的影响最大，而且他还有自由意志，也看他自己的选择、自己的爱好。所以，你不需要百分之百执行绝对不能物质奖励，而且害怕有物质奖励就一定会有什么可怕的后果。放轻松些，关键不在于绝对不能物质奖励，我书里详细讲过，关键是建立成长型思维方式。

还有一些文章，或者专家，动不动就说孩子的问题都是爹妈的问题，当爹妈真不容易啊，压力太大，怎么能让人不焦虑。我想请大家在面对这样的指责时，不要马上对号入座，而应找一找到底是什么原因。比如，你的孩子在一个新环境会比较闹，别人说，这一定是父母给宠的。当然有的孩子确实是父母给宠的，但是，也有一些孩子，他们本身对新环境比较敏感，比较不容易接受，小孩子在不熟悉的环境里有压力，他只能用哭闹来排解压力。所以，不要总是觉得所有的问题都是父母的问题，而是要想一想，究竟有哪些因素，哪些是最可能的原因。

所以，只有大家考虑多种因素对一个孩子的影响，才有可能发现真正的原因，也不至于钻牛角尖，把所有问题都自己扛。

## ◆养育孩子没有完美，需要权衡

养育孩子，我想很多情况下，没有完美，我们只能尽我们的能力，做到利大于弊。比如说，很多人说大于三岁上幼儿园比较好。那是不是一定要等到三岁才是好的？各家情况不一样，一定要根据自家的情况去判断。我们家大宝两岁的时候，小宝半岁，没有人帮忙。小宝早产两个月，比较难带，为了让我能喘口气，休息一下，决定把大宝送到幼儿园去。当时他刚两岁，周围十几家幼儿园我都去实地看了，最后才送他去了幼儿园。头半年是一个星期送三天，最后过渡到全天。这个决定对我家来说是利大于弊。我们挑的幼儿园不错，老师很好，大宝白天有自己的活动，晚上我给他专属时间，他在幼儿园和家里的过渡都比较顺利。《从出生到三岁》这本书里写过同胞之争，也就是有了二宝以后怎么做比较好。作者波顿·怀特说，兄弟姐妹吵吵闹闹是现实的，不可能完全没有这些争吵，关键是怎么去减少这些争吵。其中有一条是说，给老大多安排 out-of-home（户外）活动。每天和老大至少要有半个小时全心全意的时间。我们的安排正好符合了这一条，大宝大部分时间在幼儿园，有自己的朋友和活动，回家我也有精力给他专门的时间，比如睡前故事一直是我陪的。

所以做决定前，父母评估一下自家的情况，看怎么做对两个孩子比较好。如果当时我不让大宝入学，我一个人在家带两个孩子，一个是我休息不好，影响心情，照顾不周全；另一个，两个孩子大眼瞪小眼，不必要的冲突会增多。即使大宝不到三岁，我们认为他去上学利大于弊，所以就这么决定了。

育儿书也好，专家也好，他们给的建议通常是普遍意义上的，但是，每个孩子、每个家庭都有其特殊性。怎么样对自己的孩子最好，这一点，是需要父母自己去判断、权衡的。就像我说的，儿童心理学会告诉你儿童发展的共性，保证你养育的方向大致是对的，不要干出南辕北辙的事情；但是，因为孩子存在个体差异，怎么执行，这里面的空间是很大的。比如说大家都是朝着一个方向到目的地，发展心理学告诉你，方向在哪里，保证你不会走错路。但是你究竟怎么到那个目的地，你可以开各种各样的车型，都没有问题。大车小车开慢点开快点，要按着自己家的情况来。

但是，也有人说，那现在的理论也不一定对啊。是的，现在的理论不一定是完全的真相，但是，是我们在总结前人的基础上，目前对人类发展的最佳解释。理论一直在进步。如果我现在问你：孩子一出生就是一块白板，父母想怎么培养就怎么培养，或者说，孩子有天生的一套发展时间表，我们不需要做什么，只要静待花开就可以了。你会不会觉得这样的理念很好笑？你为什么觉得这样的理念很好笑呢？因为你的理论比这些理论更先进了，今天我们认为儿童的发展既有先天因素的影响，又有后天养育的作用。那么今天平衡的理论哪儿来的呢？不是凭空来的，而是建立在前人不断的研究基础上的。历史上曾经认为儿童出生是白板，或者儿童出生自带时间表，慢慢发展到今天的很多理论，才从多个角度去理解儿童的发展。发展心理学有很多理论，比你在网上见到的多得多，我们不停地修正前人的研究和理论，使目前的理论逐渐完善，逐渐丰富，能更好地解释儿童发展的各个方面。

我把儿童发展比喻成一个拼图。每个人的研究和理论都是其中的一小块，越来越多的研究，越来越多的发展，渐渐拼出一个更完整的图，当然我们还在不停地寻找一些缺失的小块。

有人说，你们的理论反正也不完美，我想看到绝对证据。但人类一直在发展，研究也一直在发展，我们不能拍拍胸脯说这个百分百是绝对证据。谁都没有这个把握？那么是不是在我们找到绝对真相之前就不养娃了？我们还是要养。那怎么办呢？之所以我的书名叫《养育的选择》，其实就是养育的时候，要父母不断地去平衡，你需要去权衡利弊，尽量去做到利大于弊。比方说，没有什么育儿技巧是完美的，夸孩子这个育儿技巧好不好？孩子是要夸的，但是无条件地什么都夸，就是极端了，什么事情做到极端，这个后果就不是你想要的了，很多孩子因为无条件地被夸，变得挨不得批评。所以要我们去做出判断，要不要夸，怎么夸，不能把一个育儿技巧当成一个教条，死板地去执行。

还有一件事，也是经常被拿出来讨论的，就是你怎么看待一些人的例子？很多父母包括专家，为了说明自己的观点或者证明自己的选择是对的，举了一些自己孩子的例子或者一些具体的例子，那么，我们要怎么来看这些例子？我相信不管是什么状况，都可以找出例子。我们讨论下孩子发展的弹性，有个学生说他有个朋友，从小在几个领养家庭辗转，领养家庭对他并不好，不然就不用辗转了，可是这孩子个性阳光，上了大学。你觉得这可以推论到别的孩子吗？

说不极端的例子，很常见的，刷牙，有人说小时候刷不刷不要紧，我自己不好好刷，牙挺好；我同学到大学才好好刷牙，人家的牙也挺好。这都是回头看，放马后炮，养孩子，我们是朝前看，我们不知道我的孩子不刷牙，是不是也能牙挺好，我们无法预见。那作为父母，我愿不愿意冒这个险？我不愿冒这个险。我母亲那边没一个牙好的，我爸那边每个人牙特好。到我这儿，我牙不好，孩子爸爸牙特好，我怎么知道我孩子遗传哪边？保不齐啊！我不愿冒险，所以我愿意娃两岁就带去看牙医，每半年去检查，每天用牙线。开始不愿意，我就想各种办法解决。我不会说，孩子不愿用牙线，我没办法，然后我找理由安慰自己，反正我同学不好好刷牙牙倍儿棒，我家孩子不刷应该也可以吧？所以就像那本书里所写的，我想了很多游戏的方法让孩子用牙线。做选择的时候想想，后果会是什么，我愿意冒险吗？我愿意接受后果吗？想通了，就淡定。不淡定，是因为你已经在冒险，但是，你又无法承受后果，你始终摇摆不定，纠结。

育儿这条路不像程序一样一板一眼运行下去，而是充满了可能性。如果孩子的发展背景改变了，可能他的发展道路就变了。没有完美的父母，我们能做的是着眼于整体的发展，看到多种因素对孩子的影响，权衡利弊，尽量做到利大于弊，能做到这些，就可以避免很多不必要的焦虑。

打游戏这个事情，有一些人就说，反正不管，让他打，打到烦打到厌，他自然就不打了。我在上课的时候，我们对这个话题也是讨论过的。大家的讨论都挺有意思的，然后我就记得这么多次讨论，有一个学生现身说法了，他说他挺喜欢玩游戏的，一直挺喜欢玩游戏，但是据他说没有沉溺，然后初中的时候，有一次周末，就是从周五的晚上一直玩，玩儿到周日，他说打那以后，就不太玩了，太累了，累惨了！这是一个例子，还有其他学生的例子，都是不管的，或者管了也没用的，自家弟妹，表弟表妹，或者是朋友的孩子，也是从小喜欢玩，然后玩玩玩，到初中了还是喜欢玩，功课什么都不做。所以说两边都有这样的案例，反正这些学期讨论下来，玩腻的只有那一个学生，而没玩腻的案例更多。我还有另外一个俱乐部，有好几个妈妈的孩子，现在大概上小学四五年级吧，她们说她们相信玩腻就好了。结果整个夏天，什么都没有做，就一直在玩游戏。然后我想，大概初中生和小学生有差别？小学生饿了吃，困了睡，没把自己累到极致，人家休息一晚第二天 reloaded，再来，爽得很！反正她们说这一个暑假没达到目的，然后到开学的时候，也一回家就是游戏，习惯了。后来妈妈干脆把游戏删了，删了也没什么想头了，反倒好了。这样的至少有五个家庭。所以听到各种案例，你觉得你的孩子是哪一类？你觉得你能做到哪一类？你觉得你能不能事先猜到你的孩子是哪一类？你在做决定的时候其实你已经权衡过了，这个就是养育的选择。

# 第十二章　看见成长的自己，看见成长的孩子

*徐珺泽*

*徐珺泽：美国波士顿大学早期教育硕士，麻省认证幼儿教师，美国奥尔夫协会认证音乐教师，亲子教练，爱贝睿家长教练。*

当你将世界看成一成不变，智力不可提升，那么你可能一成不变。当你认为智力可以提升，思维模式能够改变，那么你可能拥有更大的世界。思维模式的不同，同样会影响你对孩子的养育。

## ◆ 从学霸的绝望看两种思维模式

每年都有那么一两个名校学生自杀的新闻短暂地占据热门新闻头条，然后被淡忘在人们的唏嘘中。自杀的 MIT（Massachusetts

Institute of Technology 的缩写，麻省理工学院）才女郭衡在遗书中说：
"除了中文，我觉得我没有任何优势。"她说，这是一个弱肉强食的
世界，面对比自己优秀百倍的同学，她已经没有能立足的东西。

很多人可能不理解：怎么看都是人中龙凤、金字塔顶的人物，为
何会有这种感受？

作为一个尝试过短暂的"学霸"感受的人，我能够理解这种绝望。
小学中高年级的时候，我基本上靠考前突击就能拿到班里第一或者第二
名——好成绩似乎来得毫不费力。因为成绩好，就经常被人夸聪明。夸
来夸去，心中就飘飘然，虽然隐约觉得虚，但看到成绩和排名时也不会
想那么多了。当然，如果不在前三名我就能趴在桌上哭得昏天黑地……

上初中之后，我的成绩不再像以前那么突出。特别是英语，刚开
始学习的时候常常只有六七十分。多次考试失利之后我崩溃了，走向
另一个极端——完全否定自己，在长达一两年的时间里很认真地怀疑
自己智力低下。很多次幻想过有机器猫的记忆面包或者有魔力的小药
丸，吃下去就能立即见效，整本书过目不忘。

后来我初中的英语老师看不过我英文成绩太差，某天给了我一本
厚厚的练习题，要求我一周内做完它。当时我很不屑——我那么笨做
题能有什么用啊！但是师命难违。果然如我所料，就算咬着牙每天早
上五点爬起来做题，对答案的时候，错误率都高得惨不忍睹。自暴自
弃地订正了错题，把练习册还给了老师。在接下来的测验中，我的英
语成绩竟然上了 90 分。对当时的我来说，这是个奇迹般的时刻。我
现在还很清楚地记得那种感觉："原来如果我够努力的话，我也能够
有好的成绩！"

我也第一次开始思考：是不是做事的成果不完全与智商相关。

直到我去波士顿大学读研究生的时候，才第一次听说了美国斯坦福大学心理学教授 Carol Dweck（卡罗尔·德韦克）关于僵固型思维（Fixed Mindset) 和成长型思维 (Growth Mindset) 的概念。

德韦克教授列举了具有不同思维的人的典型思路。

僵固型思维的人：

1. 不惜一切代价，让自己在他人眼中看起来很聪明，避免挑战。他们心想："在完成功课时，最重要的是我必须让其他人觉得我很擅长这个。"也有可能会说："（说什么都没用，）我就是不会啊。"

行动风格：如果一件事情不能让我看起来很棒，那我就不去做了。看起来棒最重要！

2. 天分和品质生而有之，后天的努力是件坏事。"说实话，当我努力学习时，我感觉自己不是很聪明。"

行动风格：回避努力，就算努力了，也无法坦承自己的成功是因为努力得来的。

3. 遇到困难时，僵固思维的人隐藏错误，掩饰不足，因为"如果我一开始没有这个能力，我就是没有"。

行动风格：推脱责任，甚至对自己的过失视而不见，自欺欺人。比如考试的时候作弊，选择不做某件事情。

成长型思维的人：

1. 学习学习再学习。"对于我来说，学到东西比拿到最高分更重要！"成功？我都没有去考虑它，我就是对这个很感兴趣，所以努力钻研而已。

2. 努力努力再努力，反复刻意练习才是王道！"付出一定有回报。在某件事情上我越认真，我就能做得更好。"他们认为，就算是天才也得努力才能做好！

3. 遇到困难时：错误和失败是宝贵的财富，帮我看到我可以成长的地方。

德韦克教授的"not yet"解释非常经典："我不是不行，我只是暂时还没做得那么好而已。"

而且他们非常感谢他人指出他们的不足，也会主动寻求他人的建议和反馈。

这两者最基本的区别，在我看来其实唯有一个信念的区别：你是否相信，智力、能力、品质等是可以被改变的？僵固型思维认为这些是由先天决定的；而成长型思维相信这些是可塑的，人有不断发展的潜力。

小学时的我，把自己的一切成就归因于天分，自我膨胀得厉害；中学初期的我，因为成绩差而丧失了所有的自信，全面否定了自己：这就是典型的僵固型思维。老把自己跟别人比来比去，看不到成长的自己——这就好像一个大坑。还好我虚假自尊的气球爆裂得早，让我有机会换个思维模式看待自己不够理想的状态，从坑里一点一点爬出来。如果不是因为英语练习册带来的觉察，我是不是现在也会自杀或者抑郁无力地生活着呢？

# ◆ 什么时候开始培养成长型思维？

## 孩子生来就具有成长型思维

我收到这样一个提问："我家宝宝快七个月了，有点掌握往前爬的技能了，自己不时会爬着去够在他前方的玩具。我有时会把玩具稍微拿远一点，他也会继续往前爬去拿，连续一次两次还行，第三次再拿远点他就会放弃了，而我就会从言语和肢体动作上鼓励宝宝来争取这个玩具。我就想知道，培养小孩的成长型思维适用这种方法吗？或者对不到一岁的小孩，讨论培养他的成长型思维会否言之过早？会有负面影响产生吗？"

这是一个非常棒的问题！大家还能回忆起来，你们家宝宝是怎么学会行走的吗？

我上周刚去学习了"婴儿动作分析"，扮作刚出生的小宝宝在地板上摸爬滚了好几天。最大的感受是，我们所有的人，天生具有成长型思维。

没有小宝宝会去思考和质疑自己："我能不能学会走路？"

他们只是对这个世界很好奇，所以每天努力练习转头伸脖子，练习翻身，练习支撑和手脚的配合，练习爬，继而练习扶墙站起来，然后开始自己移动——所有的这一切，都是因为"我想能够更自由，我想去看看这个新奇的世界"，由此开始了无数次的练习和不懈的努力。

"儿童以有能力、有自信的学习者和沟通者的身份成长，能为社会做出重要贡献。"新西兰 0-5 岁的国家幼儿教育大纲（Te Whariki）中这么描述儿童。你相信吗？我坚定不移地相信这一点。

刚才那位提问的妈妈，她的鼓励和陪伴能让孩子尝试再久一点，增加孩子的心理韧性，真是个很有办法的妈妈。（至于这个挑战的度在哪里，请家长们注意观察孩子，根据实际情况调整。）

## 孩子的僵固型思维来自环境，来自你我

大家是不是也观察到，孩子慢慢地，不知道什么时候，思维变得僵固了呢？上周我跟班上的孩子玩拼图，不同的小朋友就有不同的思维倾向。有的小朋友拿到之后会很认真地开始思考如何解决，有的小朋友一看就说："太难了，我不想玩……"

孩子为什么会从天生的成长型思维变得僵固起来？我们来看看德韦克教授 2013 年的一个研究。

德韦克教授和其他研究者们在芝加哥寻找了五十三个家庭，并在孩子 1-3 岁的成长过程中，每年都拍摄三次家庭中大人与孩子们日常沟通的情况，记录大人们常常和孩子们使用的语言。研究者将家长们的语言分为三类：

1. 强调孩子的努力、策略或者行动。比如："你已经尽自己的

努力了，数得很棒！"

2. 表扬孩子固化的、积极的品质。比如："你真是个聪明的女孩。""你很擅长做这个！"

3. 其他的表扬：所有其他类型的反馈。如"你做到了""很好"等。

他们五年后再次回访这些孩子（6-8岁），然后测试了他们对于挑战型任务与简单任务的偏好、在遇到挫折时所能想到的策略，以及是否相信智能和人格是可以发展的信念。

研究结果发现，那些在1-3岁时受到家长很多"过程鼓励"（process praise）的孩子，在五年后表现出更突出的倾向去拥抱挑战，有更多的策略来面对失败，也更容易有"智能和人格是可以改变的"意识。

孩子受到表扬的次数以及其他表扬则跟孩子的积极反应没有联系。

参考文献：*Parent Praise to 1-3 year olds Predicts Children's Motivational Fremework 5 Years Later*，Carol Dweck，Elizabeth Gunderson（2013）

## 父母跟孩子说话的方式，会影响孩子的心智状况

德韦克教授的研究表明，就算在很小的时候，父母跟孩子们互动说话的方式，也在影响孩子的心智状况。

德韦克教授这样描述其中的心路历程：

那些大人或者孩子们听到"你很聪明"时会想，你认为我很聪明，很有天分——这是你喜欢我、看重我的原因。我最好别做那些不能证明这个结论的事情。因此，他们开始进入僵固型思维。他们会在未来采取更安全的策略，从而限制了他们的成长。

而关注策略，则让他们愿意拉伸自己，挑战更难的任务，进行刻意练习。这是我们常常对儿童运动员或者成人运动员说的那些话，关联的是成长的过程。这样他们会想：如果我不选择面对挑战，那么我就不会成长。

因此我们要尽早让孩子们相信：只要我努力，我就能够有更好的表现。

## 思维模式能够被塑造

这个实验还说明，思维模式是能够被塑造的，可以往成长型思维塑造，也可以往僵固型思维塑造。我们的目标与其说是培养孩子的成长型思维，不如说是尽可能强化和保留孩子的成长型思维倾向。

大脑的生理结构也印证了这点。实验和研究发现，大脑具有很强的延伸性，可以按照我们所期望的方式锻炼。这意味着脑神经连接好似肌肉，用得越多，神经回路就越发达。而且新的习惯或者思维方式所引发的神经回路会取代老的神经回路。

# ◆ 怎样强化孩子的成长型思维？

## 把孩子的成长机会还给孩子

我们如何强化和保留孩子的成长型思维倾向呢？

1. 尊重和鼓励本能的"成长型思维"体验。把孩子的成长机会还给孩子。（是的，从婴儿的时候开始！）

2. 注意我们跟孩子交流的语言。德韦克教授说："我们的语言会告诉学生，我们相信什么，以及我们看重什么。"

我在波士顿大学的研究生课程开始之前，收到的阅读材料的其中一篇，就是《如何赞扬孩子》。

"真棒""你太聪明了""你真漂亮或真可爱"等任何与个体努力没有关系的、空洞的表扬词，基本上都是我们在教室里的禁句……我们每天必做的一个功课，就是在教师会议的时候反省自己面对孩子时，有多少次没忍住说了这些话，然后思考在那个情境下怎么表达更合适。

这真的很难，我至少花费了一年时间来训练。因为有时候我们觉得要说点什么才不尴尬，算是对孩子们有回应。但是很多时候我们不知道该说什么……

## 言传：该怎么表扬孩子？

具体而生动的表扬真的不容易，因为"看到才能说出来"。我们说不出，很多时候是因为我们看不到。

我们班有个小男孩，很不喜欢跟着大家一起跳舞，他妈妈有些担心他不合群。然而上个月，他开始自愿跟小伙伴们一起站在队伍中了，跟着大家跳了好一会儿才停下来东张西望。我觉得这对他来讲是个不错的尝试，所以拍了个小视频放在家长群中。小男孩的妈妈也注意到了，不过她马上在群里说："我家的宝宝怎么跳得不像别的小朋友那么认真呢？"

其实我很理解妈妈的感受，跟别的孩子比，这个小男孩的确显得没有那么专注于集体活动。但是对于这个孩子来说，这是他参与集体活动的一次尝试。我看到孩子的进步，我就很开心；妈妈拿孩子的真实行为与理想中的状态比较，所以还是很担心。

这不是个例。研究发现，越是僵固型思维严重的人往往完美主义倾向越严重，他们聚焦的往往是劣势、是缺陷，常常因此感到无比焦虑，有担不完的心，也容易有抑郁倾向。哪怕为了让我们能有积极的情绪去面对孩子和生活，我们也需要学会用成长型思维，看到孩子的成长和优势所在。

德韦克教授建议我们要关注孩子的哪些方面呢？

1. 努力，挣扎，面对困难时的坚持不懈。比如："哇，虽然暂时你还没有解出这道题，但是你真的尝试了很久！"

2. 策略，选择。比如："哇，你尝试了好多的方法来解决这个问题哦！"

3. 挑战对自己来说有难度的事情。比如："虽然需要一些努力才能做到或虽然不知道结果如何，但你还是尝试了！""比起你擅长的事情，你今天选择了需要努力才能做到的工作。你有什么收获呢？"

4. 学习，进步。比如："你之前都不愿意在幼儿园里玩颜料，但是今天尝试用画笔画画了哦！感觉怎么样？好玩吗？"

只有这四个方面还觉得有些不够具体？我们再来看看美国教育学家莉莉安·凯兹 (Lillian Katz) 的"心智倾向"（Dispositions）理论能给我们什么启发。她认为"心智倾向区别于知识和技能，是相对稳定的心理或思维的习惯，或是在不同情境中对经验做出回应的特定方式"（Katz，1993）。

心智倾向主要有三种：先天的心智倾向（Inborn Dispositions），如好奇心；社会心智倾向（Social Dispositons），如友善、同理心、慷慨、合作、容易被人接纳；以及理性心智倾向（Intellectual Dispositions），如做出预测和验证预测、问题解决、了解因果关系等。

心智倾向也有积极心智倾向和负面的心智倾向之分。那有助于学习的心智倾向是什么样的呢？除开结果、除开获得的知识和技能，我们还可以看重的优秀特质会有哪些？爱贝睿的爸爸妈妈们一起头脑风暴出了不少：好奇心、沉稳、勤勉、爱思考、自信、淡定、遇到挫折不放弃并追寻根源、诚实、有毅力、积极乐观、共情、正确的自我评估……原来孩子做的每一件事，我们都可以从这么多不同的角度来"看到"他们呢！

孩子需要的，以及表扬所代表的，其实是他们跟照料者的联结。不要再为了表扬而表扬了！

通过与孩子分享我们对他们行为和过程的观察，足以让孩子们感受到我们对他们的关心和鼓励——德韦克教授的四条建议和凯兹教授的心智倾向理论给了我们很好的思路，帮助我们思考从哪些方面去观察孩子、理解孩子，并在看到孩子成长的前提下，来组织鼓励的语言。教育者和家长可以不断地完善和发展自己关于儿童观察和理解的框架。当我们持续使用这些语言和框架，孩子们会意识到尝试的过程、自己的兴趣、努力的态度都值得享受，而且每一段经历都是有意义的。

## 身教：做成长型父母

中国对于家庭教育的作用方式，有非常简洁而精辟的描述：言传身教。身教和言传至少也是一样重要的。所以如果你希望孩子成为有成长型思维的人，你自己也要成为一个具有成长型思维、不时体现成长型思维的大人，从而达到"润物细无声"的效果。

如果希望提升自己的成长型思维，你可以采用以下的练习步骤：

1. 建立信念。相信你是有潜力的个体，无论什么情况，你都可以做出一些努力，让自己持续进步，成为一个更好的人。

2. 觉察。常常问问自己，我正在使用僵固型思维，还是成长型思维？

3. 接纳自我，非评判（non-judgement）。如果你意识到自己在某件事情上陷入了僵固型思维，你可能会有点恼怒："我怎么又使用僵固型思维了？"从而又陷入情绪的纠结中。但用成长型思维来看，我们形成一个新的思维习惯需要不断地练习。因此，接受这个事实，仅仅对自己说"哦，我正在使用僵固型思维"就好了。

如果意识到自己正在使用"成长型思维"，感谢一下自己能够坚持这种积极的思维模式。

4. 思考更优的策略。如果使用成长型思维的话，你看到了什么优势和进步？你怎么说更好？怎么做更好？看到（他人或者自己的）优势和进步，说出来，行动起来！

## 即便你成为成长型的父母，但孩子的生活环境中<br>其他人的思维还是很僵固怎么办？

好多家长会担心，我之前在培养孩子的时候不自觉地强化了孩子的僵固型思维，该怎么办？或者是：即便是我在成长型思维方面做得不错，但是抵挡不住爷爷、奶奶、老师、同学还有很多僵固型思维的想法呢！怎么办？

请放轻松：

首先，我们或多或少地在某些事情上会有成长型思维。而且中国文化传统中向来强调努力，大家都是听着"铁杵磨成针""愚公移山""凿壁偷光"的典故长大的，这些都给我们带来了影响和力量。

其次，你需要记住：每个人都是主动的学习者，我们是，孩子也是。成人无法控制孩子所处的每一个环境，但至少具有成长型思维的家长，可以成为孩子的一个容易接触到的好榜样。

还记得我学习英文的故事吗？就算家长不是时时刻刻表现出成长型思维，孩子们也会从本性、反省和经验中或者某些地方学习成长型思维。

所以保持觉察，专注于进步就好。我们努力做得更好，他们也努力做得更好，不正是成长型思维发挥作用的地方吗？

## ◆结语

成长型思维让人愿意迎接挑战、永远向前，僵固型思维使人故步自封、害怕失败。

我们所有的人天生具有成长型思维。孩子的僵固型思维来自环境，来自你我。

尊重和鼓励本能的"成长型思维"体验。把孩子的成长机会还给孩子。

当一个成长型父母，身教与言传同样重要。

# 第十三章　培养自主的孩子

赵昱鲲　魏坤琳

赵昱鲲：拿下了化学、计算机、心理学三个硕士学位，是积极心理学之父马丁·塞利格曼的弟子，目前在清华大学攻读博士，清华大学积极心理学研究中心办公室主任。

你也不知道自己的孩子会变成什么样，只能边抚养边摸索他应该是什么样子。而在这个过程中，你也更加了解自己，成为一个更好的人，让人生更有意义。

赵昱鲲：我有两个孩子，分别叫"书养"和"猪养"。对，就是那传说的"老大照书养，老二照猪养"。这当然是开玩笑。但也不完全是开玩笑，因为我们老大生出来以后，我们确实是有点照书养。至少我太太是买了一大堆育儿书在家里，我就把这些书，至少是跟心理相关的那些，都读了一遍。

读完的感受是什么呢？就是把我们家孩子的名字都改了，不再叫照书养、照猪养了，而是照孩子自己的样子养。读完这些育儿书，我发现它们完全印证了我们心理学的研究，就是育儿的目标，是为了把孩子养育成一个在心理、情感和行为上自主的人。

## ◆ 自主教养可以减少焦虑

**赵昱鲲：**更美妙的是，我们自己也会借由这个过程，变成一个更加成熟、仁爱、智慧、自主的人。有些父母哀叹说，自从生了孩子后，我就没自己的时间了，每天跟在孩子后面，疲于奔命，自我已经成了一个干瘪的臭皮囊，可想当年老娘也是青春靓丽、精神世界里满满的都是诗和远方的一枚文艺女青年好不好？！这就叫守着金山讨饭吃了，因为育儿正是提升你自己的最佳机会啊。

我们经常把孩子叫作"天使"，因为他们如此天真、纯洁，如此可爱，又比大熊猫还会卖萌，总能激发我们内心深处最美好、最善良的那一部分情感。正因为如此，我们才心甘情愿地为他们付出那么多，哪怕是从文艺女青年熬成黄脸婆，也乐此不疲。可你想过没有，上帝为你送来一个孩子，赋予他天真、纯洁、可爱、卖萌等各种天使属性，难道就是为了诱骗你把他抚养大吗？你以为上帝是干什么的？是人贩子啊？当然不是。

上帝给你送来一个孩子，是为了给你一个机会，让你自己变得更好。这不仅是说孩子让你满足了母性的本能，让你能体验到天伦之乐，更是让你看见一个人在你眼前活生生地成长，从一个浑浑噩噩的婴儿变成一个健康、友爱、活泼、好奇、有快乐也有烦恼、会犯错但也在成长的自主独立的人，让你思考人生的本质，让你明白你和别人的关系，让你反思自己的心灵，让你成为一个更好的人。说穿了就是让你更可能进入人类所能达到的最美好的境界。我不是基督徒，但是打个比方的话，为什么说孩子是天使？因为是他让你离上帝更近。

所以，那些抱怨孩子拖垮了自己、把自己弄得心力交瘁的父母，其实就是只看到养育儿女的那些数不清的任务，只感到任务没完成、目的没达到时的焦虑，而没有看见整个养育过程对自己的意义。他们只想着孩子要学奥数、要学钢琴、要上重点中学，却没有理解为什么要学，更没有去想这些任务是不是最适合自己的孩子，至于孩子学奥数、学钢琴、上重点中学是不是最适合父母自己的人生，这个念头，恐怕在他们的梦中都没有出现过。这些父母就是靠着金山，却只看见金子不能吃，不知道金子能买来山珍海味，迷失在养育的细节和任务之中了。

**魏坤琳：**对，好多父母迷失在细节中，还容易上当。比如市面上一些早教机构告诉你，你不能让孩子输在起跑线上，要进行右脑开发、全脑开发，这样也会加大父母的焦虑。

**赵昱鲲：**对。我们的焦虑来自于对未来的不确定，当我们焦虑时，就容易被恐慌所驱使，做出不理智的决定。因为关于未来的指标实在太多了，哪一项都无法确定，都够你焦虑的。语文好、数学不好，焦虑他偏科；语文、数学都不好，焦虑他的成绩；语文、数学都好，焦虑他只会读书；朋友少，焦虑他人缘不好；朋友多，又焦虑他拉帮结派走上邪路；现在焦虑孩子谈恋爱，将来又焦虑孩子不谈恋爱不结婚。

当然，还有更高级的元焦虑，就是对焦虑的焦虑，你要焦虑我是不是太焦虑了，听说焦虑的父母会培养出焦虑的孩子啊。总之，未来的种种不确定性就像时刻会掉下来的达摩克利斯之剑，在我们头上晃悠悠地荡啊荡，吓得我们只好拼命高筑墙，广积粮，为孩子报各种各样的班，为他铺各种各样的路，以此来对抗我们心中对于不确定性的恐惧。

所以我们才需要自主教养，就是把孩子看成是一个自主的人。做父母的责任，不是为孩子安排好一切，而是帮助支持孩子发展出自主性，让他将来可以面对这个复杂的世界，自己做决定，自己去爱、去恨、去学习、去奋斗、去体验、去享受，去成为他自己，过属于他的人生。

**魏坤琳：**孩子的人生，需要由他自己来过。许多父母的焦虑，源自"控制欲"，想要按照某种既定的方式"制造"一个理想的孩子。这是不可能完成的任务。你提到"自主"，主要是什么意思？

**赵昱鲲：**简单地说，一个自主的人，做事是出于自己的兴趣、激情、价值观、人生意义、自我认同，所以他的生活中充满积极情绪。他学习主要是因为好玩，解开一道数学题，读到一首优美的诗，知识宝库的大门徐徐打开，平凡世界的奥秘向你展现，你把金属扔进盐酸，咕噜咕噜地就冒出了氢气，你写了一段音乐程序，啦啦啦地计算机就唱起歌来。就像那首英文歌唱的：What a wonderful world！这世界多精彩啊！所以呢，一个自主的人，他做事能得到更多的积极体验，得到积极体验后他就更喜欢做这些事情，由此就形成了一个正向循环，事情做得越来越好，人也过得越来越幸福。

自主教养就是以培育孩子的自主为目的，而不是以他的某些表现、指标为目的。为什么自主教养能减少焦虑呢？因为对于引起焦虑的不确定性，自主教养不但不排斥，反而举双手欢迎。就像刚才说的，如果这个世界没有不确定性，一切都一成不变，那我们还需要自主干什么？

如果龙生龙，凤生凤，老鼠的儿子会打洞，铁匠的儿子还是铁匠，农民的女儿还是农民，那样的孩子就应该照猪养，因为目标明确，只要拼命长膘就行了。但人的未来不像猪，如此地不可确定，没有任何父母、老师或者育儿专家知道未来的世界会怎样，我们的孩子会怎样，所以我们只能放弃对确定性的执着，而要拥抱这个不确定性。

不要想着所有事物都在自己的控制之下，按照你的安排为自己的孩子一一展开，而是培养孩子的自主性，让他在未来瞬息万变的世界里自己选择，自己做主，活出他自己的人生。所以我们欢迎不确定性，因为在这个不确定的、多元的、各种可能性都有的世界里，我们才能摸索出孩子应该是什么样子，才能让他充分发展个性，成为他自己。

那么，说到这里，我希望已经成功地在各位父母心里引起了一种焦虑："那我孩子的自主强不强呢？"

**魏坤琳**：你又给大家一个焦虑的理由，这样不好吧。大家要担心的事情已经够多了。

**赵昱鲲**：其实大家完全不用担心。你焦虑过孩子不会玩吗？你焦虑过孩子不会走路吗？如果你没有的话，那你也不用焦虑孩子不会自主，因为自主和玩一样，是孩子天生喜欢的。自主也和走路一样，是孩子天生就能学会的。自主是人类天生的心理需求，它是每个孩子心中都有的一颗种子，只要你给它阳光雨露，不要踩踏、扼杀它，它就会茁壮成长。

**魏坤琳**：种子要有合适的条件才能发芽。父母需要怎样创造让孩子发育出自主动机的条件呢？

# ◆孩子天生会自主

## 转换理念：孩子是一个独立的人，而不是父母的附属品

**赵昱鲲**：有时候，我们做父母的，自己心里有些心理需求没有得到满足，就转而从孩子身上来寻求满足，或者自己本身也不是自主的人，也没有自己的价值观和目标，只能随着社会的大流来定义孩子的成功，那这个就是我们刚才说的人贩子了。人贩子通过卖孩子得到钱，这些父母通过孩子得到的一项项成就，来满足自己的心理需求。

所以，为什么说养育孩子是自己成长的好机会呢？就是你能通过对孩子的要求，以及由此引起的焦虑，来反思自己的心理和动机。比如我自己，一直自吹自擂，要给孩子一个幸福的童年，不要催逼他学习。我儿子上的幼儿园在5点放学后还有个延时班，是手工、围棋、唱歌、跳舞等各种兴趣班，让来不及接孩子的父母可以到6点再来接。

在我儿子报延时班的事情上，我一直是尊重他的意愿，比如有门课叫小小主持人，他上了一学期后不喜欢，我在第二学期就没有给他再报。但是，有门课我却也没有做到取舍自如，就是跆拳道。我儿子在这学期初，说不想上跆拳道了，我一听就急了，立刻运用各种心理技巧，最终还是说服他去上了。我太太在旁边冷眼旁观，没有说话，后来晚上单独跟我说："你这也是双重标准，对其他课，孩子说不想上你就不给他上；对跆拳道，你就一定要他上。其实你

和其他家长也没有区别，只不过其他家长更看重文化课，你更看重运动课。"

这种责难当然难不倒我，我的大脑立刻又自动生成了一篇雄文，什么儿童发展期啊，什么运动与智力发展啊，但到了嘴边，一看我太太那正义凛然加上鄙视你的圣母造型，又都咽回去了。因为我知道，她说的是对的。我从小学习成绩好，但是运动能力差，所以就特别希望自己的孩子的运动能力强一些，算是补一补他老子当年的缺憾。所以，虽然是打着运动发展的旗号，但其实起决定作用的，还是我内心的情感因素。

当然，我并不是说，我让他更多地运动就错了，而是提醒父母：在让孩子做事时，分清楚哪些是出于确实为他考虑的理智因素，哪些是自己的情感因素，会对孩子更有利。孩子生出来，不是为了满足你的心愿的。

这样的养育思维习惯，对你自己也会更有利，因为在你更好地认清自己之后，你就会成长，变得更好。比如我在认识到诱导孩子报跆拳道班的过程中，至少有一部分因素是出于我自己对于运动能力的缺憾后，我对自己就产生了一种叫"自我同情"的情感，就是认识到自己对自身某些地方的怨恨，然后接纳了自己的过去，接纳了自己的不完美。那么我在运动上的缺陷，以后就没那么困扰我了。所以，我们才一直说，自主教养是"育自主而自成长"，培养孩子的自主的同时，我们自己也变得更美好。

## 充分信任孩子，不要让松树结苹果

**赵昱鲲：**还有一种父母，他不是人贩子，也不是猪贩子，而是树贩子。他整天焦虑，为什么我家种的这棵树，开的花没有桃花好看，结的果没有苹果好吃，身材不像松树那么挺拔，还老喜欢到水边去玩，多危险啊！——因为你家的这棵树是柳树啊，亲！所以我们要转换的第二个理念就是要充分信任孩子。孩子是柳树就长成柳树，是松树就长成松树，各有各的好，没有高下。我们要尊重孩子的内在发展规律，不要把我们成年人的愿望和标准加到他们头上。

还举刚才的例子，我特别希望我儿子运动能力强，这也不能说我完全没道理，因为，运动能力所带来的好处很多，Dr. 魏讲一天一夜都没问题。

**魏坤琳：**对呀，因为我喜欢运动嘛。运动对孩子的成长有很多好处。运动会让孩子更聪明。比如说，现在的脑科学研究发现，如果是进行有氧运动的话，会促进内源性神经生长因子的分泌，这个有点像神经生长的养分，所以它对大脑发育是有好处的。另外从别的方面来说，我觉得，运动给小孩带来的更是精神面貌上的变化，比如说他可能有更好的意志品质，能够跟很多小孩一起玩，能够培养他的社交能力，这方面不容忽视。

**赵昱鲲：**所以我也有比较之心，看见孩子跑得没别人快就焦虑，看见他运动没别人协调就着急，但后来我想了一下自己，不也浑身都是缺点嘛。我不光运动不行，而且情商极低，钱商那就直接为零，就是对钱没有概念，金融啊、理财啊什么的都是不明觉厉，就算智力，也只是在中小学还不错，到了大学之后，跟我的那些同学们一比，那就是被碾杀，可那也没妨碍我现在变成一个快乐、满足、自主的人，也一样地娶到一个好老婆，生了两个可爱的孩子，过着虽然没多少钱但可以说是称心如意的生活。所以有什么好担心的呢？

我的孩子也自有他的优点和缺点，我们接纳自己的不完美，也接纳孩子的不完美，我们自己能成长起来，就应该信任孩子也能按他的轨迹成长起来。我不知道孩子会长成什么样，但这才好玩啊。要是你一定要指望孩子肯定是这样或那样，体重四百斤，身高三米五，那你就应该去养猪、种树，你来养孩子干什么。

**魏坤琳：** 确实是这样的，每个孩子都有自己的长处和短处。我们作为家长其实应该是观察者和引导者。比如说我发现我女儿对数字特别感兴趣，我就教给她很多数学的知识。她昨天问我要数学书，我就翻出一本关于数感①的书给她，好多都是图。因为这是她感兴趣的，翻得很开心。我也知道她的短板在哪里，她的文科不行。我会尊重她的选择，至少我会观察她，观察她哪一方面她会更喜欢一点。有的东西她不感兴趣的话，你逼着学也没戏。

---

① 所谓"数感"，就是对数学的感觉、感受乃至感情。

## 避免心理控制，孩子说不冷就是不冷

**赵昱鲲：** 我们刚才说的自主教养，要转换理念。下面我们来说说自主教养的具体方法。为此，我要先讲讲不正确的方法。我有时也会听到有些父母说："我们家孩子不用担心，特别自主，学习从来不用我们催的！"但是，他们是怎么做到让孩子自己乖乖地去学习，或者去做其他他们希望孩子做的事的呢？我仔细听他们讲完之后，发现他们并不是通过让孩子自主选择，而是运用了"心理控制"的方法。

心理控制是指通过操控孩子的心理来达到自己的目的，比如激起孩子的内疚心理："我们这么辛辛苦苦地把你抚养大，你还不好好学习，你对得起我们吗？""你知道你们学校的择校费多少钱吗？你看看爸爸妈妈现在工作累的，都是在给你还债啊！你要是当初好好学习，中考再多考个 5 分，也不至于现在这样了！你要吸取教训，现在进了重点高中，要珍惜！""爸爸很少能回家陪家里人，还不是为了辛苦赚钱？要不然你怎么一个星期上得起五个兴趣班！"或者呢，"妈妈为了你把工作都辞了，每天在家里照顾你的生活，哦，结果你学习还退步了！"……

没有人喜欢内疚感，孩子为了逃避这种负面心理的纠缠，可能就会听父母的话，乖乖学习。但从长期看，这会导致孩子心里堆积的负面情绪太多，而且怀疑自己的价值，觉得自己不是给父母带来欢乐的，而是父母的负担，从而会影响他的自尊自信，并且还会带来他对父母的怨恨，孩子心里很可能在想："谁要你把工作辞掉了的？谁想上什么兴趣班？"

第二种常见的心理控制是有条件的爱，比如说："你要再这么调皮，妈妈就不喜欢你了！"或者用行为来表示，比如孩子比赛赢了，就欢天喜地，对他百般夸奖，输了就横眉冷对，甚至冷嘲热讽；如果孩子听话，就疼爱有加，又是亲又是抱，如果孩子不听话，就实施冷暴力，不理不睬。也就是说，你给不给孩子爱，给多少爱，是取决于孩子的表现。

有条件的爱是一种很恶劣的心理控制，因为孩子太需要父母的爱了，所以它的破坏力也特别大。它会让孩子想："你们真的爱我吗？还是只爱我的表现？"可是，孩子必须能感觉到父母无条件的爱，才能让他们形成一个安全的依恋模式，而孩子的依恋模式是否是安全型的，对于他日后的心理和幸福都至关重要。

举个极端的例子，如果你经常跟孩子说："你要是不听我的话，我就不爱你了。"那将来他长大了，离开你了，他宿舍里的哥们儿跟他说："走，打架去，你要是不去就不是我兄弟！"你猜他去不去？或者呢，如果是女孩，她男朋友跟她说："你要是不跟我上床，我就不爱你了。"你猜她的反应会是愤怒："我靠！你敢威胁老娘？"还是恐慌："啊，又有人要离开我了……为了留住他的爱，他要求什么我就得做什么……"？

第三种常见的心理控制是否认感受，就是传说中的"有一种冷叫妈妈觉得你冷"。你想给孩子加衣服，就问他："冷吗？"他说："不冷。"你说："不对，你冷。"他说："我真的不冷。"你说："没关系，反正我觉得你冷。"然后咣当，一件大厚外套穿上去。可是冷不冷明明是孩子的感受好不好？

这方面的例子也可以说是数不胜数。我们随便举几个。比如你给孩子买了个礼物，问他："喜欢吗？"孩子说："嗯，不太喜欢。"你一听就生气了："你怎么会不喜欢呢？你一定喜欢！三百块钱呢！"或者孩子到爷爷奶奶家去玩，你问他："开心吗？"孩子说："不开心。"你又火了："爷爷奶奶对你那么好，还做了那么多好吃的给你吃，你还不开心？你肯定开心的！"

再比如孩子摔了一跤，你问他："疼吗？"孩子说："有点疼。"你立刻引导他说："这么一点跤，怎么会疼呢？你是男子汉大丈夫，不疼！"比如孩子考试考得不错，欢天喜地地回来了，你却训斥他说："有什么好高兴的！取得一点成绩就骄傲！下次肯定会退步！"

问题在于，孩子的感受，孩子自己最清楚，可是大人却会拿自己的感受去否认他的感受，这就会让他觉得自己的感受是不可靠的，甚至是错误的，会导致他压抑自己的感受和想法，贬低自己的价值，影响他自我的整合。

中国文化一般不太尊重孩子的感受。我们虽然个个都把孩子当小皇帝，但却很少有人从孩子的角度去感受这个世界。所以，不仅父母，其他人也会直接或者间接地否认孩子的感受。比如我们经常可以看到的，明明孩子就站在面前，别人却问妈妈："小明穿这么多，他热吗？"然后妈妈当然就代小明回答说："他不热。"其实很简单，我们可以直接告诉别人："哦，你问问小明吧。"

从表面上看，心理控制好像也挺好的，你没有拿冰激凌去引诱他学习，也没有打耳光去威逼他学习，你只是轻轻一摇三寸不烂之舌，攻破了孩子的心理防线而已。于是，孩子乖乖就范，而且是以后自己从心里逼自己听你的话，但是他的心理从此成为你的心理的附属品或者牺牲品，很难发展出自己健康、独立的心理。所以，心理控制是披着羊皮的狼，它并不能真正帮助孩子发展出自主动机，而使孩子发展出受控动机，从表面上看是在自己做决定，但其实是受控于别人的想法和感受。现在你控制他控制得很爽，但将来他受别人的影响时，比如同学、社会、媳妇，那时就有你受的了，更不用说，他的自我也无法得到整合，一直难以幸福。

## ◆ 自主教养不是照书养、照猪养，而是"照他养"

**赵昱鲲：** 那么，怎么办呢？前面说的都是我们不要怎么做，不要用激发内疚、有条件的爱、否认感受这些心理控制方法，但毕竟自主教养不是自由放羊，我们仍然要为孩子树立正确的价值观，并且有时需要用我们的经验和智慧去矫正他们的行为。

另外，我们心头有了情绪，也得表达啊，不然老压抑着，将来肯定会以更大的规模爆发出来，那就对孩子更不利了，平时笑脸相迎，百依百顺，忽然之间怒气勃发，暴打一顿，然后又后悔内疚，继续笑脸相迎，百依百顺，非得把孩子整出神经病不可。

正面的方法主要有四点。首先，也是最重要的，就是在你忍不住要对孩子进行心理控制之前，先反省一下自己，我为什么想要他这么做？有时候你自己一分析之后，就发现自己的动机或者理由其实根本不成立。

比如，有一次，我和我儿子班上的一个同学的家长相约，明天一起到一个地方去玩。没想到第二天和儿子一说，他竟然说不喜欢跟那个同学玩。我一下子就火了，脱口就想说："你怎么会不喜欢跟他玩呢？他不是挺喜欢跟你玩吗？你一定也喜欢跟他玩！"但话到了嘴边，我马上意识到这是在否认他的感受。

我就立刻反省："我为什么会这么希望他去跟那个同学玩呢？"然后我就明白了，其实是因为我答应了别人家父母，说好了要一起出去玩的，结果儿子不愿意去，那别人肯定会觉得：哟，那谁，赵昱鲲，还自称是育儿专家呢，你看他把儿子都教育成啥样了！

所以我就明白了，我的生气其实是来自于孩子可能会让我没面子。但是，这不是孩子的错，因为我确实事先没有跟他商量，所以这么一想，我就不生气了，而是心平气和地开始跟他讨论这件事。

这也是为什么我一直在说，自主教养可以帮助我们自己成长。你看这件事虽然小，但也能让我更好地观察自己的情绪、觉察自己的动机。

第二个是接纳、尊重孩子的情绪。因为导致情绪的观点，或者情绪导致的行为，可能有对错，但情绪本身是没有对错的，所以无论孩子的情绪是什么，我们都应该接纳。这方面很多亲子沟通的课都重点讲过，我就不多说了。

**魏坤琳：**负面情绪有它们的价值。你不让孩子难过，不引导他认识其他的情绪，那他就不会是一个心理健全的小孩。强制地压制情绪不能解决问题。

举个例子，比如我女儿跟我小时候一样，脾气比较臭。她发怒的时候，我知道这时说什么都没用，但我事后总会引导她自己分析当时发怒的原因，就是我以前强调的反省心智。她每次发怒，都被我当成一次机会，让她看到自己的情绪，也引导她看到自己的进步，看到事件中的积极面。其实用心理学来看，就是从多视角对记忆进行编码，这是我教孩子玩的"认知重评"游戏。这样能让她更好地认识自己。

**赵昱鲲：**对，接纳孩子的情绪，是与孩子沟通的基础。但是，很多父母就会问了："孩子的情绪我倒是接纳了，我的情绪谁去接纳呢？我看见孩子那样做，我那火腾地就上来了怎么办？"我的问答是："你有情绪你就表达呗，但你要注意，你要表达的是你的感受，而不是对孩子的批评。"就是我说的第三个方法，用不攻击的方法表达你自己的感受，训练孩子让他能接纳、尊重别人的情绪，因为这能帮助他发展一种非常重要的能力，就是共情。

心理控制孩子和让孩子跟你共情是不同的，它们之间的本质区别就在于：心理控制是有目的的，你希望孩子按照你的意愿去做；而共情是没有目的的，你只是告诉孩子你的感受。我们前面说过，要信任孩子的能力，这里面也包括他的理解能力、共情能力和进取心。当他听到你心平气和地跟他交流观点，他觉得自己不是在被攻击，而是在与爸爸妈妈进行情感的联结时，就更可能跟你合作，一起讨论解决方法。

最后，我们不能进行心理控制，但可以进行行为控制，就是对他的行为加以规范。这里有两点要注意，首先，行为控制要持续一致，不能朝令夕改，不能孩子一哭，你就心软了，算了，今天就不学习了吧。那就是孩子在对你进行心理控制了。

**魏坤琳：**我想起一件事。我女儿在学钢琴，她现在太注重别人给她的外在表扬，这一段弹好了，她得到了表扬，她高兴了。但问题是，她弹不好的地方，她老不想弹。比如说乐谱上前面两行弹得很好，后面两行弹得不好，她就不想弹后面两行。我会把后面两行抽出来，要求她安静地弹十遍。这是一个重复练习的过程。我们前面讲过，经验智力中间，反复、重复的练习非常重要，这是挑战自己技能的坎，这个坎要通过大量反复练习才能过去。所以我会强调遵从学习的规律，这样才能把任务完成。

**赵昱鲲：**没错儿，该坚持时要坚持，但也要注意技巧。我在这里介绍行为控制时要注意的三点：

第一，要照顾到孩子的情绪，承认这件事确实不好玩，确实你会觉得不爽，这样孩子才会感觉到被理解。孩子的情绪是非常重要的，如果大人否认孩子的情绪，就会让孩子怀疑自我，觉得自己是不是哪儿出了问题。所以，如果孩子抱怨说不想做这件事，你不要硬说："这件事不是挺好玩的吗？别人家的孩子不是做得挺好的吗？"而是坦诚地告诉他"是啊，确实不好玩"或者"你觉得不爽，是吗？"让他把自己的负面情绪表达出来。

第二，解释要让他们这么做的原因，这样孩子才能理解为什么这件事是重要的，而不是简单地强迫他们去做。自主教养并不是放羊教养，仍然要引导孩子的价值观和自我整合，所以需要让他们理解世界的道理，自行消化和整合人生的规则。这个不能通过强迫来实现，而只能通过解释。

第三，提供有限的选择，因为这样孩子才不会感觉到是完全的强迫，而仍然带有自主性在里面。客观上说，当孩子做出选择后，也能增强孩子对这个任务的认同感，觉得这个是自己的事了，而不完全是父母或者老师的事。这种选择仍然是在一个大框架内，比如孩子可以选择是先洗澡还是先刷牙，但终归要洗澡和刷牙；可以选择是把作业在学校里做了还是拿回家来做，但终归是要做。不过只要有了选择，这个任务就不那么讨厌了，因为我们前面一再说的，自主是人类天生的心理需求，你让他有自主的感觉，他就会更喜欢或者不那么讨厌这件事。

总之，自主教养是一个很大的话题，方法也很多，可以从满足孩子的基本心理需求、减少受控动机、增强自主动机这三个大的方面入手。其中基本心理需求又有自主、联系、胜任这三项；受控动机有无动机、外在动机的外部调节、内摄调节这三项；自主动机有认同调节、整合调节和内在动机这三项，每一项下面又有很多方法。

总的来说，自主教养就是我一开始开玩笑说的，不是照书养，也不是照猪养，而是照他养。我们不知道自己的孩子会变成什么样，只能边抚养边摸索他应该是什么样子。而在这个过程中，我们也更加了解我们自己，把我们的自我整合到一起，成为一个更好的人，让人生更有意义。

黎巴嫩诗人纪伯伦有一首诗，叫《孩子》，可以说就是为自主教养写的。我把这首诗送给大家：

你们的孩子，都不是你们的孩子，

乃是"生命"为自己所渴望的儿女。

他们是借你们而来，却不是从你们而来，

他们虽和你们同在，却不属于你们。


你们可以给他们以爱，

却不可给他们以思想，

因为他们有自己的思想。


你们可以照顾他们的身体，

却不能照顾他们的灵魂，

因为他们的灵魂，是住在"明日"的宅中，

那是你们在梦中也不能想见的。


你们可以努力去模仿他们，

却不能使他们来像你们，

因为生命是不倒行的，

也不与"昨日"一同停留。

你们是弓，

你们的孩子是从弦上发出的生命的箭矢。

那射手在无穷之中看定了目标，

也用神力将你们引满，

使他的箭矢迅疾而遥远地射了出去。


让你们在射手手中的"弯曲"成为喜乐吧；

因为他爱那飞出的箭，

也爱那静止的弓。


**赵昱鲲**：所以，各位父母朋友们，享受我们的育儿过程吧，因为我们在这个过程中的成长，也是造物主所喜悦的。

专家解惑

**Q** 有时我自己没有觉得焦虑，但是我的配偶却感受到了。所以我们问一下昱鲲，到底怎么样测量和判断我们是焦虑的？

焦虑都是负面的吗？

**A** 赵昱鲲：焦虑在心理学上是可以测量的，而且有好几个这方面的量表，比如"焦虑自评量表"（SAS）或"汉密尔顿焦虑量表"（HAMA），你可以自己找来测一测，看一看。

我想主要谈第二个问题，就是说大家不要为焦虑而感到焦虑，就好像你所疑惑的，焦虑都是负面的吗？当然不是，因为焦虑是人类进化出来的一种情绪，是人类的进化功能，提醒我们有坏事可能要发生，要我们打起精神去应对。如果你今天在村外看见有狼群出没，那你应该感到焦虑，因为说不定夜里狼会来吃你的羊，所以你一夜不睡，你只想守在羊圈里，第二天召集村民持枪去打狼。适应性的焦虑是好的焦虑。不过我们现在说的焦虑经常是过度焦虑，就是焦虑的程度超出了坏事可能有的危险程度。比如你今天在村外看到几只流浪狗，结果你也一夜没睡，只想守着羊圈，第二天召集村民持枪去打狗，这个就是过度焦虑。很多父母的焦虑就是属于这种过度焦虑，就是严重高估事情的糟糕程度。比如不要让你的孩子输在起跑线上，这个就是典型的过度焦虑。因为那么小的孩子在那么长的人生里，在起跑线上跑慢一点根本没有关系。但是，很多父母却被那些教育培训机构的人给吓住了，以为在起跑线上慢，一辈子就完了。在这种过度焦虑的心理下，他们就会做出过度的应对，那就是掏钱给培训机构。

过度焦虑往往是特质性的，也就是某些人比其他人更容易焦虑。同样的事情，比如智力发展慢一些，其他孩子都会拼音了，他还不会。有些家长觉得没关系，有些家长就觉得，哎哟，不得了。这些焦虑的家长还有一个特点，就是焦虑并不随着焦虑的事情消失而消失。那么就是说，你孩子拼音赶上其他孩子了，你又要焦虑他害羞的问题。他不害羞了，你又焦虑他没有拿到三好学生的问题。总之，你永远都在焦虑当中。其实，如果你是这类父母的话，很可能你平时就是比较焦虑的人，没有生孩子之前，就容易焦虑。我要恭喜你，因为养育孩子其实是帮你缓解焦虑的好机会。因为养育孩子是我们人生当中最重要的大事之一，所以它当然让你特别容易焦虑。但这也提供了很多让你自我反省的机会，让你发现，哪些事情我是不需要焦虑的：什么不要让你的孩子输在起跑线上，焦虑不是我而是商业机构灌到我脑子里的；我的孩子运动不好，这个焦虑不是来自我对孩子的担心，是来自自己的缺憾，因为孩子就算运动不好也没什么大不了的。

当然了，最重要的就是，如果你认识到你只要为孩子培养自主性，让孩子去为他自己的人生负责，那你对孩子的所有焦虑就都放下了，那个时候你的焦虑就会得到很好的缓解。所以总结起来就是焦虑并不都是负面的，但要注意不要过度焦虑，而自主教养就可以帮助我们摆脱养育过程中的过度焦虑。

ⓠ 我忍不住焦虑，吃饭、生病、上幼儿园等等。怎么才算是好妈妈？

ⓐ 赵昱鲲：这个问题我喜欢，因为它是开放式的，肯定没有标准答案。所以下面让我们比拼三观。首先我要说，我当然不知道什么才是好妈妈，因为这个问题真的没有客观标准，你是不是一个好妈妈，只有你孩子能回答，完全不能够靠外部的那些因素来衡量。比如说我的妈妈，她经常觉得对不起我，她现在还说："你小时候都没吃过什么好吃的，穿过什么好的。"所以在她的观念里好妈妈就是给孩子好吃的、好穿的。但是我不觉得，我觉得她是一个好妈妈，因为她对我从小的养育方式，我总结了一下，叫作有爱无管，爱很多，几乎不管。所以我回想自己的童年总觉得特别幸福。而我妈妈特别谦虚，她会说："你以为我不想管你呀，只不过那时候工作忙，没空管你。"所以我跟她讨论之后，决定授予她客观好妈妈的光荣称号，她虽然主观上还挺想把我精心塑造一番的，但是由于客观限制，没能施展开来，被迫成为一个好妈妈。

这当然是开玩笑，就算我妈真的努力管教我，我也会认为她是一个好妈妈。因为在我看来，好妈妈的标准只有一条，就是无条件的爱，只要做到这点就是好妈妈。因为孩子从妈妈那里需要的最重要的、也是最基本的就是无条件的爱。其他像"科学育儿""自主教养"这些有了当然更好，你就变成最好的妈妈了。但我也理解，由于我们大家小时候成长经历的影响、现在工作生活的压力、社会文化无处不在的影响，我们很难做到。所以没有关系，我认为只要你能够无条件地爱孩子，你就是一个好妈妈。

我们很多父母的焦虑其实是来自于过度的责任感。我有没有做到我的最好，就好像，如果我的孩子能够达到 100 分，可是在我的手上他只实现了 90 分，那我就不是好妈妈、好爸爸。其实大可不必，孩子从你那里最需要的其实就是爱，其他都是加分项，不是必需项。事实上，美国有一项针对中学生的调查，发现 60% 的孩子认为自己的爸妈很好，只有 36% 的孩子觉得自己的父母还不错。所以很多父母认为自己不是好爸爸、好妈妈，但是在孩子心目中已经很满意了。除非你想做别人眼中的好爸爸、好妈妈、哈佛爸爸、北大妈妈，那你确实有得要焦虑的。但是如果你想做孩子心目中的好爸爸、好妈妈，那其实非常容易，你不用太焦虑。

Q 培养孩子的自主性是以建立规则为主还是让孩子做主？培养自主的孩子是随天性发展，在什么情况下大人应该干预，什么情况下应该让孩子自主决定？

A 赵昱鲲：这个问题非常好，这是大部分人会反复问的问题。刚才我们也说了，自主教养不是自由放养，仍然需要规则。只不过在建立规则的过程中，我们不要用强迫或者心理控制的方法。因为在心理学上，我们说，一个人做事是出于自主，并不一定出于兴趣和喜欢，也可以出自价值观和人生意义，而价值观和人生意义的形成是需要社会教化的。只不过与传统的"棍棒之下出孝子"的这种观念不同，心理学发现，对孩子的规范和自主并不冲突，并不是说规范的反面意味着自主，自主的反面意味着规范，事实上它们是两个相对独立的维度，可以自主规范，也可以控制规范，有些人自主得不规范，或者控制得不规范。自主得不规范就是放纵。

控制得规范就是我们刚才说的棍棒之下出孝子，你把你的价值观强加于你的孩子去执行。自主得规范就是，虽然是在于孩子自主，但是比如行为控制的过程当中你也有些技巧可以使用，让他觉得更加自主。

还有就是控制得不规范，就是说我对我孩子进行各种各样的控制，可是我并没有一定的界限。比如说，你孩子在那儿玩，然后你说，你每天晚上九点钟都要睡觉，不然第二天怎么能够起来去上学呢。孩子不听，还要玩，一个大耳光打下去，这样就是控制他。但是第二天，你带孩子到朋友家玩，跟朋友喝酒聊天聊得特别高兴，孩子说："爸爸，九点钟了，我想睡觉了。"你说："睡什么觉，我跟朋友聊得开心。"孩子说："我真的很困。"一个大耳光打过去，"不行，我还要聊天，你要看看爸爸这边的需求。"所以，在这种情况下，其实你是在控制，但是你并没有给他一个一贯的稳定的规范，这个时候控制的目的是让孩子听你的话，你自己是随心所欲没有规律的，这个当然是最坏的教养方式。

而与此相反，最好的教养方式就是自主。但是自主也有一些规范。界限在哪里？这个到底怎么样来决定？这个问题其实我不能告诉你，因为我不知道你的价值观是什么，你的人生意义是什么。我认为每个人对于想要给孩子施予什么样的规范都是由自己的价值观决定的。所以这个由你决定，你觉得他有哪些事情是让你特别难以忍受的，这个地方可能就是你的价值观所在。因为价值观是情感的，不仅仅是理智的。所以我们其实就是通过你的言传身教把你的价值观用自主的方法传给他。这也是我们为什么说育儿是自己成长的过程，你为了让你的孩子秉承你的价值观，你自己首先要做到。

我拿我自己来说，我让孩子规范和自主的界限在哪里。对于某些价值，我觉得不重要，比如说整洁，我孩子的房间乱七八糟，衣服穿得乱七八糟我也无所谓，因为我自己也是这样的。但是我对一样东西特别看重，就是说话一定要算数。孩子如果说话不算数，我会强迫他。但是强迫他的方法也并不是用武力，而是更多地用包含自己的因素。就是刚才我们谈到的，我会承认他的情绪，我会给他选择，我会给他解释，我不会用武力强迫他。另外，他当然很可能仍然不听话，那这个时候，我会表达我的愤怒和失望，我会把我的情绪告诉他，因为你不听话，所以让我感到很生气，我以后可能再也没有办法相信你了。由此我警告他会承受的自然后果，我以后再也不相信你的话了，以后你想要得到什么我可能就不会答应了，我也可以跟你说话不算数，因为我答应你的事情也可以反悔。他不一定完全明白，但你坚持这样跟他讨论，他慢慢就会知道，人说话是要算数的，至少当他说话不算数，承受自然后果的时候，他不会那么生气。

其实总结起来就是自主教养仍然是需要规范的，只不过在规范的过程当中，要加以更多的自主扶持和支持。这个界限其实在于你自己的价值观，我没有办法帮你决定，你得自己来看，你认为什么东西特别重要，因此你需要他去遵循，在遵循的过程中我们尽量使用自主教养的原则让他把这些规则内化成为他的价值观和人生意义，如果他不能够内化，他只是因为惧怕你的强迫或者是为了让父母满意，那仍然是我们说的受控动机。但是如果你能很好地解释原因，如果你能给他人际支持，如果你能给他选择，如果你能够把你的情感传递给他，跟他产生连接，这样的话，他很可能就会内化。

Ⓐ 魏坤琳：昱鲲讲的我非常赞同。我举个自己的例子，我在家跟我女儿说，我们说话是要算数的，就是爸爸如果答应你的事肯定会做到，如果我没做到，我肯定会真诚地道歉。这让她知道，说出来的承诺是一定要遵守的。比如我们还是要给孩子选择的机会，我叫她起床是非常痛苦的事情，因为她喜欢赖床，我经常会给她这样一个选择："你可以再睡一分钟或者再睡三十秒，你选择一种。"她一般会说："我再睡一分钟。"然后我就在旁边等着她，我可能会倒数。这样她知道她已经答应了，是一分钟，所以她必须遵守规则，她得爬起来。所以在这个方面，我给了她选择，根据她平时的习惯，说话算数，所以我们就把起床的问题给解决了。

Ⓠ 都说提早认字和学习数学不好，但我看"叨叨魏"很早就开始孩子的数学启蒙了，请问有什么书籍可以帮助我这个数学不好的妈妈开始数学启蒙？不为考试什么的，就是为了完成学业有通路，提早进入文字启蒙是否会弊大于利？平时看卡片是否可以带入文字给他看？有的书上讲不行，有的书上讲很好，不知道该怎么选择。你们跟孩子在一起时是怎么进行启蒙的？

Ⓐ 魏坤琳：其实是两个问题，一个是数学，一个是文字。首先我觉得没有人说过数学或者语文的启蒙过早是不好的。在我看来，其实这

个情况，如果孩子可以接受，如果孩子感兴趣的话，你随时可以教他，不管多早。有些孩子就是早会的。但是当谈到什么书的时候，其实刚开始的时候数学的启蒙我没有用任何书，我用的更多的是图形和数字之间建立连接，比如说我会画一些东西，比如说东西的多少，可能是画的点数和画的猫猫的脸的数目，跟阿拉伯数字进行连接，让他有一个直观的连接。

我家有个小黑板，我在上面画了很多东西，我有些数学的运算也在上面写上。其实孩子很快就会从中找出规律来，如果他对这个东西感兴趣的话，他会继续学下去。但是我觉得最好的老师其实恰恰是兴趣。他如果对数字敏感，对这个东西感兴趣的话，他自己会想去学。像我家孩子，包括她出门坐的公车的数字她都记住了，她就对这个东西敏感，这样她可以衍生出其他的技能，比如她对数独①也感兴趣。这个恰恰是我在她小时候鼓励她的结果。

语言的启蒙也是一样，我说过互动阅读其实是提高小孩智商的一个法宝。什么意思呢？我们可以在跟小孩一起讲故事的时候，讲育儿书的时候，育儿书上有很多图片，图片下面可能还有文字，把那些文字念给她听。这个时候其实她在不自觉的情况下就记住了大量的汉字，所以她早早地就开始识字了，但是我并没有刻意教她，我只是在跟她讲故事的过程中、进行互动阅读的过程中把这个东西教会了她。所以你可以说文字启蒙早早就开始了。

另外一个语言上的启蒙我觉得是第二外语。英语也可以早早教她，这个其实不矛盾。比如有很多动画片是英文的，有很多童谣是英

---

① 数独是一种运用纸、笔进行演算的逻辑游戏。

文的，比如很多她喜欢唱的童谣是英文的，作为父亲我其实会熟悉那些童谣，我会唱给她听，我会跟她一起唱，一起拍手唱。所以在这个过程中，你可以说我是在玩，但同时我也把英语教会了她。所以我做的这些事情早早地就已经开始了。而且科学研究没有表明过早教会孩子这些东西，进行启蒙的话，会影响他的发育，没有这样的说法，我认为只要他兴趣所在、能力所在的地方，我们完全可以教会他们。

**Ⓐ 赵昱鲲：** 我完全赞同坤琳的观点。我认为学习就是情境式的，就是把学习融合在生活当中。因为我们可以想一想，人类为什么会学习，从进化上讲就是为了解决生活中的问题，学习解决生活中的问题的能力。所以我们看小孩子自发玩那些东西，打仗、玩泥巴、过家家，其实都是和远古时期的那些生活场景息息相关的。如果把学习从生活中剥离出来，专门地进行记忆、计算这些训练，那就不是我们大脑天生喜欢的。但是如果学习是为了解决生活中的一个问题，那大脑就比较擅长，孩子也不排斥，而且会学得又快又喜欢。所以我觉得关键不是说你多早开始学习，而是你是不是把学习从生活中剥离出来了。

我记得坤琳就分享过他的女儿玩10以内的加减乘除，就是有点像我们大人玩的算24，在他们是算10，这个其实就是寓教于乐的方式，我相信他女儿一定很快就能掌握10甚至20以内的加减法。我也一样，我跟我儿子玩的是21点，因为我在美国玩过21点算牌，所以我特别喜欢这个游戏。当然了，相对简单，只有加法。但是说到底，我其实主要是为了跟儿子一起玩，让他学习只是附加的了。所以我在生活中会留意可以让他学习的场景。比如说他班上一个小朋友的妈妈怀孕了，儿子就问我，他们家的小弟弟小妹妹什么时候会出来？我就问他："小朋友的妈妈怀孕多久了？"儿子说多少多少星期了。我就说："一个孩子要在妈妈肚子里待四十个星期，你自己算一算小宝宝什么时候会出来。"他就自己很起劲地去算了。还有他很喜欢看一些图片，比如火车、老虎、金鱼，我就把手机给他，让他自己去搜，然后在自己家里墙上把汉语拼音写了一遍，他就经常拿着我的手机对着那个表自己输入一些字开始搜图片玩。现在他搜的东西已经不限于最早的火车、老虎了，而是他自己感兴趣的事情他就自己去搜，当然也会经常过来问我这个东西怎么拼。这样，他就不知不觉把拼音给学会了。这个就是我给大家的建议，不要焦虑于孩子的智力开发、早教这些东西，自己观察孩子平时的生活，把学习嵌入进去，他可以学得又快又好。当然了，你把孩子往早教机构一送当然更省事。可是，兄弟们，姐妹们，跟孩子玩的乐趣，看见孩子在你眼前一天天地成长的那种喜悦，甚至敬畏，那才是真正的无价之宝。

# 附录　育儿心书

所谓心书，就是那些主要讲儿童脑科学、儿童心理学与发展心理学等研究成果的育儿书。先说摘要：

1. 孩子很小时，建议阅读《儿童大脑开窍手册》与《无条件养育》；

2. 再大点，建议阅读《性格的力量》与《家庭作业的迷思》《奖励的惩罚》《为什么学生不喜欢上学》；

3. 妈妈若学历高，可入手全套八册的《儿童心理学手册》。

接下来点评各书。

## 元　书

所谓"元书"，就是理念观点与你现在接触的大不一样，但是已经被认知科学、脑科学、心理学研究广泛证实，作者又是专业研究者。

读物 1：《无条件养育》

是否适合非专业读者：非常适合

奖励反而会带来惩罚吗？孩子无理取闹时，该怎么处理？是不是将孩子丢在角落会好一些？暂停（time out）这类方法有什么问题？⋯⋯ 这些疑惑，书里都有答案。

这本书是美国育儿专家 Alfie Kohn（艾尔菲·科恩）的力作。新手爸妈可以从这本书开始，定下育儿基调。此书是科恩在 1993 年出版《奖励的惩罚》之后，近些年再次宣传自我决定论的一本力作。与《奖励的惩罚》那本书相比较，学术味道更轻，哲学思辨较少，更适合年轻妈妈看。

与一般的科普作家不同，科恩研究功力深厚，以至于自我决定论创始人德西在论文中，引用并提及科恩的《奖励的惩罚》。关于自我决定论在育儿中的应用，还可以参考科恩的《家庭作业的迷思》等书。什么是自我决定论？欢迎关注 @爱贝睿学堂，输入"自我决定论"，学习更多。

读物 2：《为什么学生不喜欢上学》

是否适合非专业读者：非常适合

为什么孩子不喜欢上学？为什么说学习金字塔、多元智能等是错误的？答案尽在此书。作者 Daniel T. Willingham（丹尼尔·T. 威廉厄姆）是美国知名认知心理学家，主编过认知心理学教材，常年坚持写关于科学、教育与认知科学方面的专栏文章。

这本书代表认知科学新世纪以来的新进展在 K12[①]领域的应用。此书是作者在写给《美国教育家》（*American Educator*）的《请问认知科学家》(*Ask the Cognitive Scientist*)专栏文章基础上改编而成。

---

[①] K12，教育类专用名词，是 kindergarten through twelfth grade 的简写，是指从幼儿园（Kindergarten，通常 5~6 岁）到十二年级（grade 12，通常 17~18 岁），这两个年级是美国、加拿大等国家的免费教育首尾的两个年级，此外也可用作对基础教育阶段的通称。

虽然作者是写给中小学教师的，但是完全适用于成人自我学习与指导孩子成长，几乎处处颠覆了人们关于学习的常识。九章回答九个问题，介绍九个观念，分别是：

★ 人类天性好奇，但并非天生优秀的思想者

★ 事实性知识重于技能

★ 记忆是思考的灰烬

★ 我们通过已知理解新知

★ 练习通往了如指掌的境界

★ 学习中的认知能力在早期与晚期截然不同

★ 儿童在学习方面的相同远远大于不同

★ 通过持续努力，智力可以提升

★ 教学必须通过练习提高

更多图书介绍欢迎关注 @ 爱贝睿学堂，输入"为什么学生不喜欢上学"，学习更多。

读物 3：《看见成长的自己》

是否适合非专业读者：非常适合

为什么一些人常常相信智力、性格是不能改变的，对于任务的挑战，倾向于从自己的智商、性格出发；而另一些人则常常相信智力、性格是可以改变的呢？美国斯坦福大学心理学教授 Carol Dweck（卡罗尔·德韦克）称前者为僵固型思维模式，后者为成长型思维模式。

拥有不同思维模式的孩子和成人，会表现出不同的发展取向。《看见成长的自己》就是成长型思维模式研究者德韦克写的科普著作，对

实验心理学、儿童心理学等影响极大。

更多图书介绍欢迎关注 @爱贝睿学堂，输入"成长型思维模式"，学习更多。

# 科普读物

所谓"科普读物"，就是你读了，你懂了，你的教养方式肯定更靠谱，不过对现行教育理念，冲击不如元书那么大。

读物 4：《儿童大脑开窍手册》

是否适合非专业读者：比较适合

这本书介绍了神经科学近些年的发展，尤其是就家长关心的一些问题进行解读。两位作者都是业内权威人士。其中一位是杂志《自然神经科学》（*Nature Neuroscience*）前任总编辑，另一位是普林斯顿大学的神经科学暨分子生物学副教授。

近些年，随着神经科学、认知科学、教育学的合流，产生了一种新的学科：MBE 科学（mind brain education，即 心智、脑与教育），在国内也被翻译为教育神经科学。如何将神经科学、认知科学与教育科学的实证研究与具体教育实践结合，正是爱贝睿所关注的。

读物 5：《性格的力量》

是否适合非专业读者：非常适合

这本书整理了大量积极心理学等研究在育儿领域的具体实践。全方位介绍了各类故事、心理学原理与官方项目。如果你对积极心理学、发展心理学一无所知，通过它，可以快速地掌握大量靠谱的育儿心理学常识。

读物 6：《养育的选择》

是否适合非专业读者：非常适合

爱贝睿学堂家长教练陈忻博士的最新著作。在书中，陈忻博士不仅纠正了国内各种养育迷思，如挫折教育、赏识教育、敏感期等一些扭曲的概念，同时提出一整套育儿理念，分享她跟两个孩子相处的案例，还原真实的美国幼儿园和小学教育精髓。

# 专业读物

读物 7：《儿童心理学手册》

是否适合非专业读者：非常不适合

如果前面六本你还没读过瘾，需要更专业的手册，就来全套八册的《儿童心理学手册》。这是一套国内发展心理学界通力协作翻译的手册，非常值得推荐。学术与应用价值兼具。

阳志平（爱贝睿联合创始人）

2016 年 10 月 14 日

# 后　记

　　每个爸妈都希望养育健康、快乐、聪明的孩子，但新手爸妈面对幼小稚嫩的宝宝时，常常会手足无措。并不是所有的爸妈都有足够的育儿知识，就连高知人士也一样。

　　2014年的某一天，我发现，我创办的某个高知社群中，经常以机器学习、创业投资、基因编码等专业话题开始，以怎样养孩子结束。语言学博士因为孩子说话的问题，向脑科学专家请教"左右脑"是否靠谱；神经科学教授因为孩子经常哭闹，向儿童心理学专家请教应该怎么办；金融专家质疑市场上的儿童智力开发产品……

　　大家开玩笑地问：老阳，你们安人心智集团什么时候能创办一家专业靠谱的儿童教育机构呢？众所周知，安人心智集团是国内领先的脑科学专业公司。不少儿童教育公司宣传开发儿童大脑，却从不懂大脑，数十年如一日地坚持传播"左脑右脑分工论""大脑只用10%"这些错误的神经迷思。大脑对于多数爸妈来说，依然是一个黑箱。

　　作为专业人士，也许我可以做点什么。在经过长达六个月的组建团队、小步迭代与快速试错之后，2015年10月，在北京中关村五道口，一家新型互联网儿童教育科技公司正式诞生，它就是爱贝睿

（iBrainbaby Lab）。爱贝睿集结前沿科学家与技术高手，以"聪明养育"为理念，服务于中国家庭，提供以"脑科学与人工智能"为核心的儿童教育产品。

1979年，石油大国委内瑞拉在哈佛大学教育心理学家帕金斯的支持下，启动国家智力工程，成立了国家智力发展署。委内瑞拉政府认为，人的智力资源是比石油更为宝贵的资源。该计划由家庭教育计划、学校智力发展计划与成人智力发展计划三部分构成。家庭教育计划扮演着重要角色。

如果说未来国家的竞争在于高素质人才之争，一个民族的未来就在于那些咿呀学语的儿童。如果每个妈妈在儿童发展早期多掌握一些靠谱的脑科学与儿童心理学知识，学会"聪明养育"，那么，孩子的未来就会好上一点点。一个国家的未来发展也会更好。

正是基于"国家智力工程"这个宏大愿景，为了更好地普及"聪明养育"理念，爱贝睿团队在过去一年，先后推出了针对儿童的新型儿童教育盒子——"爱贝睿盒子"，与针对家长的新型家长大学——"爱贝睿学堂"。

在养育孩子时，"花钱"从来比不过"花时间"和"花心思"。人们往往简单、直接与粗暴地将孩子扔到早教班，却忽略了身为父母，如何更好地养育孩子的一些科学原理。与其他儿童教育机构不一样，爱贝睿格外重视家长的作用，将儿童教育看作一个系统工程。

因此，"爱贝睿学堂"作为新型移动家长大学，先后发布了三百六十多篇原创育儿文章，组织了十余次高质量育儿公开课，向百万父母传递了"聪明养育"的理念。

你手里捧着的这本书，正是爱贝睿育儿公开课在温润纸面上的精彩呈现。各位作者，多数是我多年老友，来自北大、清华等名校，拥有心理学、脑科学、教育学博士学位，在业界享有较高声望。

他们不仅仅是科学家，更是父母。他们都亲身体验着教育孩子的日常。他们用睿智易懂的语言，教你把科学方法和知识用于日常生活中的聪明养育中去。

《聪明养育：像科学家一样孩子》一书更是百万父母共同参与完成的作品。每次课后，都有大量父母热烈地讨论，热情地提问。这些问题与讨论，也被融合在此书中。正如爱贝睿社群中一位妈妈留言：

> 从来没有见过如此富有科学精神又温暖活跃的育儿社群。结识爱贝睿，我收获了一群志同道合的朋友。学会了静待花开，学会了以年为单位来看待小朋友的成长，学着聪明地养育孩子。

我想说的是，谢谢你们。来自爸爸妈妈们的信任是爱贝睿前进的动力。爱贝睿将与你，与孩子，一起成为未来世界的创造者。

阳志平（爱贝睿联合创始人）

2016 年 10 月 14 日

**图书在版编目（CIP）数据**

聪明养育：像科学家一样养孩子 / 魏坤琳等著；爱贝睿学堂主编 .
－－ 武汉：长江文艺出版社，2016.11
ISBN 978-7-5354-9183-1

I. ①聪… II. ①魏…②爱… III. ①儿童教育－家庭教育 IV. ① G78

中国版本图书馆 CIP 数据核字 (2016) 第 254165 号

# 聪明养育：像科学家一样养孩子

魏坤琳　等著；爱贝睿学堂　主编

选题产品策划生产机构 | 北京长江新世纪文化传媒有限公司
选题策划 | 金丽红　黎　波　安波舜
责任编辑 | 张　维　　　　　装帧设计 | 李雪婷　　　　媒体运营 | 刘　峥
助理编辑 | 杨　硕　　　　　内文排版 | 张景莹　　　　责任印制 | 张志杰
法律顾问 | 张艳萍
总 发 行 | 北京长江新世纪文化传媒有限公司
电　　话 | 010-58678881　　　　　传　　真 | 010-58677346
地　　址 | 北京市朝阳区曙光西里甲 6 号时间国际大厦 A 座 1905 室　　　　邮　　编 | 100028

出　　版 | 长江出版传媒　长江文艺出版社
地　　址 | 湖北省武汉市雄楚大街 268 号湖北出版文化城 B 座 9-11 楼　　　　邮　　编 | 430070
印　　刷 | 三河市百盛印装有限公司
开　　本 | 710 毫米 ×1000 毫米　　1/16　　　　　印　　张 | 16.5
版　　次 | 2016 年 11 月第 1 版　　　　　印　　次 | 2016 年 11 月第 1 次印刷
字　　数 | 175 千字
定　　价 | 39.80 元
盗版必究（举报电话：010-58678881）
（图书如出现印装质量问题，请与选题产品策划生产机构联系调换）